J.-P. Deléage, B. Gazier, J. Gautié
D. Guellec, Y. L'Horty, J.-P. Piriou



# Croissance, emploi et développement

## Les grandes questions économiques et sociales

I

La Découverte
9 *bis*, rue Abel-Hovelacque
75013 Paris

Certains textes de cet ouvrage (ceux de Dominique Guellec, Jean-Paul Piriou et Bernard Gazier) ont été précédemment publiés dans le *Nouveau Manuel de sciences économiques et sociales*, La Découverte, Paris, 2003. Ils ont été revus et actualisés à l'occasion de la présente édition.

**Les auteurs**

**Jean-Paul Deléage** est historien des sciences de l'environnement, professeur émérite à l'université d'Orléans et directeur de la revue *Écologie & Politique*.

**Jérôme Gautié** est professeur de sciences économiques à l'université Paris-I, chercheur au Centre d'économie de la Sorbonne et chercheur associé au Centre d'études de l'emploi.

**Bernard Gazier** est professeur de sciences économiques à l'université Paris-I, Centre d'économie de la Sorbonne.

**Dominique Guellec** est économiste principal à l'OCDE.

**Yannick L'Horty** est professeur d'économie à l'université d'Évry, chercheur au Centre d'études des politiques économiques (EPEE) et au Centre d'études de l'emploi.

**Jean-Paul Piriou** (1946-2004) était maître de conférences en économie à l'université Paris-I.



ISBN : 978-2-7071-5243-5

# Introduction

Selon les estimations d'Angus Maddison, vers 1400 le PIB par habitant de la Chine était un peu supérieur à celui de l'Europe occidentale ; en 1950, c'est le PIB par habitant de l'Europe occidentale qui était devenu dix fois plus élevé que celui de la Chine. Aujourd'hui, on s'extasie au contraire devant les taux de croissance à deux chiffres de celle-ci et l'on s'inquiète du retard de l'Europe, en particulier de la France, sur les États-Unis. L'interrogation sur les facteurs de la croissance économique ne date pas d'aujourd'hui : c'est en 1776 qu'un certain Adam Smith publie ses *Recherches sur la nature et les causes de la richesse des nations*. Il met l'accent sur un cercle vertueux : l'expansion des marchés rend possible un approfondissement de la division du travail auquel on doit les gains de productivité qui permettent de produire plus et d'augmenter les revenus distribués ; cette hausse des revenus stimule à la fois l'épargne, condition de l'accumulation du capital, et la demande, condition de l'expansion des marchés. Comme le montre Dominique Guellec, les théories de la croissance ont beaucoup progressé depuis, en particulier dans la période récente (chapitre I). Elles expliquent notamment comment l'on parvient à surmonter la fatalité des rendements décroissants. L'innovation, la production et la diffusion de nouvelles connaissances se révèlent être des facteurs déterminants. Mais il apparaît également que l'État a un rôle stratégique à jouer dans de nombreux domaines : les infrastructures, l'éducation, la recherche et développement, l'environnement institutionnel.

Quelles que soient les théories de la croissance, elles accordent une place à l'accumulation du capital, mais sous des formes différentes (capital physique, capital humain, stock de connaissances, etc.). Or le rythme de l'accumulation dépend de l'investissement. Celui-ci a une incidence à la fois sur l'offre, car il augmente les capacités de production et est l'un des vecteurs de la diffusion du progrès technique, et sur la demande, dont il est l'une des composantes. Le texte de Jean-Paul Piriou expose d'une façon particulièrement pédagogique ce qu'est l'investissement, quels sont ses déterminants et ses effets (chapitre II).

Depuis l'exemple célèbre de la manufacture d'épingles, repris par Smith, auquel on adjoint souvent une référence au taylorisme, on sait que l'organisation du travail est l'une des sources majeures des gains de productivité. Les différentes étapes de sa rationalisation scandent l'histoire du capitalisme. Cette histoire est conflictuelle car les salariés se mobilisent, plus ou moins selon les périodes, pour résister à la dégradation de leurs conditions de travail. C'est pourquoi Bernard Gazier ne sépare pas l'étude des modèles d'organisation de celle des transformations du monde du travail (chapitre III).

Il existe manifestement une relation entre la croissance économique et l'emploi, donc aussi avec le chômage. Le problème est d'identifier le sens de cette relation. Dans une perspective keynésienne, on a longtemps considéré que c'était l'emploi qui dépendait de la croissance, tout simplement parce que ce sont les entreprises qui décident de l'embauche en fonction de leurs perspectives de production, elles-mêmes déduites de leurs anticipations relatives aux débouchés. Mais le raisonnement classique, à nouveau dominant, conduit à renverser cette causalité : c'est le niveau de production qui dépend du niveau de l'emploi et celui-ci est déterminé sur le marché du travail. Si ce marché fonctionne efficacement, on se rapproche du plein emploi et par conséquent de la croissance potentielle. Si des rigidités entravent son fonctionnement, alors le chômage se paie d'un déficit de croissance. Dès lors, la politique de l'emploi doit être active, agir aussi bien sur l'offre que sur la demande de travail, tout en facilitant leur ajustement réciproque. Comme le montrent Jérôme Gautié et Yannick L'Horty, il faut être au moins deux pour réussir une synthèse claire et rigoureuse des innombrables travaux de recherche parus sur ces questions (chapitre IV).

Jadis, on s'inquiétait de la situation de pays du tiers monde qui connaissaient une « croissance sans développement ». Aujourd'hui, alors que les menaces écologiques assombrissent l'horizon de l'humanité, certains avancent que le développement « soutenable » exige la « décroissance ». Dans ce premier

« Repères », consacré aux grandes questions économiques et sociales, nous avons commencé par une analyse de la croissance pour terminer par une interrogation sur le développement, à laquelle nous convie Jean-Paul Deléage (chapitre V). Rien n'interdit de renverser cette logique et de faire du questionnement sur notre mode de développement le préalable à toute réflexion sur la croissance et l'emploi.

*Pascal Combemale*

# I / Croissance et innovation

*Dominique Guellec**

La croissance économique, définie comme une *augmentation durable de la production par tête*, est un trait essentiel des pays occidentaux sur les deux derniers siècles. Quels sont les *mécanismes* à l'œuvre dans la croissance économique ? Quels sont les *facteurs* de la croissance ? Quelles conditions institutionnelles, en termes de rôle des acteurs (entreprises, marchés, État), permettent la poursuite du processus ? Telles sont les questions principales que se posent les *théories de la croissance*. Celles-ci mettent notamment en évidence le rôle clé joué par le progrès technique. Si les théories ne répondent pas directement à la question de la durabilité de la croissance, elles mettent cependant en place le cadre conceptuel dans lequel cette durabilité doit être analysée.

## Représenter la croissance : le modèle néoclassique

### *La fonction de production*

La croissance économique est définie comme une augmentation durable de la production au cours du temps. Représenter la croissance implique donc en premier lieu de représenter la production. Celle-ci est modélisée par une *fonction de production*, qui décrit la correspondance entre les facteurs et cette production.

---

* Dominique Guellec est économiste principal à l'OCDE.

Prenons l'exemple d'un agriculteur, qui utilise une année de son temps, un hectare de terre et un cheval pour produire une tonne de blé. Travail, cheval et terre sont les *facteurs de production*, le blé est le produit. La fonction de production (appelons-la F) s'écrira alors :

1 tonne de blé = F
(1 année de travail, 1 hectare de terre, 1 cheval).

L'idée de ce modèle est que la production naît de la mise en œuvre simultanée des facteurs que sont le travail et le capital, terme générique désignant les instruments de tous ordres à la disposition du travailleur (ici, le cheval et la terre).

Supposons maintenant que notre agriculteur ait eu deux enfants, maintenant à l'âge adulte, qui reprennent la ferme alors que leur père se retire. Chacun s'équipe d'un cheval et ils défrichent un hectare supplémentaire de terre. La nouvelle situation de notre ferme s'écrit :

2 tonnes de blé = F
(2 années de travail, 2 hectares de terre, 2 chevaux).

Dans cette nouvelle situation, le produit a augmenté par rapport à la période précédente, il y a eu croissance de l'économie. Le doublement du produit provient d'un doublement de la main-d'œuvre et du capital utilisés. C'est là un mécanisme de la croissance économique : l'augmentation du produit s'explique par celle de la quantité de facteurs mis en œuvre dans la production.

Au niveau de l'ensemble de l'économie, disons un pays, ce modèle se transpose dans une *fonction de production agrégée*, qui représente le *produit agrégé* (le produit intérieur brut ou PIB, en termes de comptabilité nationale) comme résultant de l'ensemble du travail et de l'ensemble du capital mis en œuvre dans le pays :

1 milliard d'euros de produit = F
(15 000 années de travail, 5 milliards d'euros de capital).

### *L'accumulation des facteurs*

Dans ce cadre, la croissance économique résulte d'une augmentation de la population active employée (le nombre d'années de travail) ou du stock de capital (on met en œuvre plus de machines). Ce processus d'augmentation de la quantité des facteurs de production est appelé l'*accumulation*. L'accumulation de la main-d'œuvre provient dans le long terme de la *croissance démographique*, celle du capital provient de l'*investissement*. Celui-ci correspond à cette partie du produit global qui est allouée, à chaque période, à la production de biens de production (qui seront utiles pour la production dans les périodes suivantes) plutôt qu'à celle de biens immédiatement consommés.

La *productivité du travail* est définie comme le *ratio* du produit sur la quantité de travail mise en œuvre : dans le cas de notre agriculteur, la productivité sera de 1 tonne par année de travail ou, dans le cas de notre économie nationale, elle sera mesurée par le PIB en volume de 67 000 euros environ de produit par travailleur. Le produit par tête d'un pays (PIB en volume divisé par la population totale du pays) sera d'autant plus élevé que la productivité du travail y est élevée et que la part des travailleurs dans la population totale y est grande (du fait de la structure par âge de la population ou du taux d'activité des femmes par exemple).

### *Rendements décroissants*

Le processus de croissance compris comme augmentation de la quantité de produit par tête résulte dans ce cadre d'une augmentation de la quantité de capital par tête. Dans l'exemple précédent de croissance de notre ferme agricole, la productivité du travail était constante. Supposons maintenant que nos deux agriculteurs s'achètent chacun un cheval supplémentaire. La production s'écrit alors :

3 tonnes de blé = F
(2 années de travail, 2 hectares, 4 chevaux).

C'est parce qu'ils disposent de plus de capital machines (ici les chevaux) que les deux agriculteurs de l'exemple précédent peuvent produire chacun plus que leur père. Ce processus a cependant des limites.

La fonction de production néoclassique est caractérisée par des *rendements d'échelle constants* : une multiplication de la quantité utilisée de chacun des facteurs par un nombre donné entraîne une augmentation du produit de même ampleur. Par exemple, si notre agriculteur forme une économie nationale avec neuf autres agriculteurs également dotés (chacun ayant un hectare de terre et un cheval), alors la production globale est dix fois celle de chaque producteur individuel, mais le niveau de productivité globale est strictement identique au niveau de productivité de chaque agriculteur. Cette propriété de la fonction néoclassique est extrêmement utile dans un cadre d'analyse statique, lorsqu'il s'agit de comparer ou d'agréger des processus de production se déroulant simultanément. Elle est en revanche gênante lorsqu'il s'agit d'analyser la croissance économique. En effet, elle implique directement que le capital est de moins en moins productif lorsque sa quantité augmente par rapport à celle du travail. Si la quantité de produit double lorsque la main-d'œuvre et le capital doublent tous deux, en revanche le produit fait moins que doubler lorsque le capital double mais que la main-d'œuvre est constante. Un agriculteur doté de deux charrues ne produira en général pas deux fois plus qu'un agriculteur doté d'une seule charrue. Le capital est donc de moins en moins productif lorsque sa quantité utilisée par tête augmente : or la rémunération du capital dépend de sa contribution au produit. C'est une composante centrale de la théorie néoclassique que chaque facteur est rémunéré en proportion de sa productivité marginale, c'est-à-dire la contribution à la production de la dernière unité utilisée de ce facteur. L'argument justifiant cette thèse est le suivant : si la dernière unité de ce facteur est rémunérée moins que sa productivité, alors elle coûte plus qu'elle ne rapporte et le producteur a intérêt à s'en débarrasser ; si elle est rémunérée plus que sa productivité, alors il est rentable de mettre en exploitation une unité supplémentaire de ce facteur (qui produira plus qu'il ne coûtera). La diminution progressive de l'efficacité du capital se poursuit donc jusqu'au point où sa rémunération est inférieure à son coût, les agents décidant alors d'interrompre le processus d'accumulation qui se ferait dorénavant à perte. Dans l'exemple précédent, le second cheval est moins rentable que ne l'était le premier en ce sens que la production supplémentaire qu'il permet est plus faible. Ce mécanisme, connu sous le nom de *loi des rendements décroissants*, a conduit au siècle dernier certains économistes (l'Anglais Ricardo notamment) à émettre des prévisions pessimistes sur le devenir de la croissance, condamnée selon eux à s'éteindre progressivement du fait d'un arrêt de l'accumulation du capital. Or la réalité historique des deux derniers siècles, en Occident, est une croissance économique persistante. Le modèle précédent, s'il décrit la production à un instant donné (dans un cadre « statique »), ne rend pas compte des changements de celle-ci au cours du temps (dans un cadre « dynamique »).

C'est l'introduction d'un troisième facteur de production, aux côtés du travail et du capital, qui offre la solution : le progrès technique. Celui-ci permet de conserver les rendements d'échelle constants dans les facteurs travail et capital (agréger deux unités de production aux caractéristiques identiques n'induit pas de changement de la productivité) tout en engendrant des rendements d'échelle dynamiques : l'accumulation du capital au cours du temps ne consiste pas à empiler toujours plus d'unités de même type (toujours plus de chevaux dans le cas de nos agriculteurs), mais à acquérir des machines de type nouveau, plus efficaces, qui assurent une constance de la rentabilité du capital malgré l'augmentation de la quantité par tête de celui-ci. Ainsi, nos jeunes agriculteurs, plutôt que d'acheter un second cheval chacun, pourraient revendre le premier cheval pour investir chacun dans un tracteur d'une valeur équivalente à celle de deux chevaux. De façon cohérente avec la théorie, l'augmentation de la production permise par ce tracteur devrait être plus élevée que celle permise par le second cheval. Par exemple :

4 tonnes de blé = F
(2 années de travail, 2 hectares de terre, 2 tracteurs).

Le rôle joué par le progrès technique dans le modèle néoclassique est double. D'une part, une technologie plus efficace affecte directement le niveau de la productivité ; d'autre part, en rétablissant le rendement du capital, le progrès technique suscite des investissements nouveaux, donc une augmentation du capital par tête, qui affecte à son tour la productivité du travail.

## L'innovation à la source de la croissance

La dynamisation du cadre néoclassique est opérée au sein des théories modernes de la « croissance endogène », développées après le milieu des années 1980, qui cherchent à expliquer le rythme et l'orientation du progrès technique dans un cadre macroéconomique. Alors que la théorie traditionnelle considérait le changement technique comme résultant de forces extérieures à l'économie, « exogènes », la théorie moderne insiste sur l'influence que les forces économiques ont sur le rythme et l'orientation des progrès de la technologie. Dans ces théories, le changement technique résulte d'investissements réalisés par des agents économiques motivés par le gain, et par l'État visant au bien-être collectif. Les technologies s'accumulent tout comme les autres formes de capital. Ces investissements sont les dépenses en recherche, en activités innovantes, en formation et aussi en capital physique dans la mesure où celui-ci est source de savoir supplémentaire (la construction d'une usine nouvelle engendre un savoir-faire nouveau). La quantité d'investissement de ce type réalisée commande le rythme du progrès technique.

Qu'est-ce qui différencie la technologie des autres facteurs, notamment le capital physique, qui fait d'elle le moteur de la croissance ? C'est, selon les théories de la croissance endogène, l'existence d'économies d'échelle (ou rendements d'échelle croissants) dans la production et l'utilisation des connaissances. La loi des rendements décroissants ne s'applique pas à la connaissance. Une même connaissance peut être utilisée par un nombre quelconque d'agents simultanément, contrairement à un élément de capital physique (une machine). Un agriculteur ne peut utiliser simultanément un nombre indéfini de chevaux, alors qu'il peut tirer tout le parti d'un tracteur plus moderne, incorporant tout le savoir existant dans ce domaine technologique. De plus, chaque nouvelle connaissance ouvre la voie à des découvertes ultérieures (« Nous sommes des nains juchés sur les épaules de géants », selon les mots de Bernard de Chartres au XIIe siècle : c'est le décryptage du génome humain qui permet, par des efforts subséquents de recherche, de comprendre les racines de certaines maladies). Un processus persistant, autoentretenu, d'accumulation de la connaissance est donc possible, qui entraîne à son tour l'accumulation des autres facteurs et donc la croissance. Si notre agriculteur n'est pas disposé à acheter un second tracteur, identique au premier et s'ajoutant à celui-ci, dont la productivité ne justifierait pas le coût, il peut en revanche acheter un tracteur d'un type nouveau, remplaçant l'ancien, coûtant deux fois plus cher et étant effectivement au moins deux fois plus productif.

On distingue trois stades dans le processus du changement technique. L'*invention* est la production de connaissance nouvelle (on parle de l'invention de la pénicilline) ; l'*innovation* est un dispositif nouveau, produit (un nouvel antibiotique) ou procédé (une nouvelle façon de synthétiser des molécules d'un type donné), effectivement vendu ou mis en œuvre ; la *diffusion* consiste en l'adoption de ce dispositif technique à plus grande échelle, par une large population d'agents. Ces trois phases sont étroitement liées. Par exemple, les idées nouvelles permettent la mise au point et la commercialisation de produits nouveaux (une meilleure compréhension des lois de l'aérodynamique amène à concevoir de nouveaux profils pour les ailes des avions), lesquels à leur tour suscitent de nouvelles idées (les besoins de matériaux spéciaux, pour les avions par exemple, suscitent des recherches sur les propriétés de la matière) ; les produits nouveaux sont diffusés, et la diffusion encourage en retour la mise au point de produits nouveaux (« innovation tirée par la demande »).

Il existe diverses taxonomies de l'innovation. On oppose les *innovations radicales* (de grande ampleur : le premier micro-ordinateur) aux *innovations incrémentales* (de petite taille, telle une nouvelle génération de microprocesseurs légèrement plus rapide que la génération précédente mais construite sur les mêmes principes). On oppose aussi les *innovations de produit* aux *innovations de procédé* : on entend par innovation technologique de produit la mise au point/commercialisation d'un produit plus performant dans le but de fournir au consommateur des services nouveaux ou améliorés.

Par innovation technologique de procédé, on entend la mise au point/adoption de méthodes de production ou de distribution nouvelles ou notablement améliorées.

La recherche est la source principale de l'innovation. La recherche et le développement expérimental (R&D) englobent les travaux de création entrepris de façon systématique en vue d'accroître la somme des connaissances, ainsi que l'utilisation de cette somme de connaissances pour concevoir de nouvelles applications. La recherche peut être fondamentale (visant essentiellement à produire des connaissances : par exemple, la recherche en astronomie) ou appliquée (ayant un objectif directement commercial : la mise au point d'un matériau nouveau pour des voitures plus légères ou plus robustes). Les autres sources de l'innovation sont l'apprentissage par la pratique (changement du type de certaines pièces sur une machine car l'usage en a montré l'utilité), l'imitation (un nouveau type de

## Encadré 1. La théorie du progrès technique de Schumpeter

L'analyse du rôle du progrès technique est développée par Joseph Schumpeter (1883-1950), qui voit l'histoire de la croissance en Occident comme une succession de cycles d'une durée moyenne de cinquante ans (Schumpeter reprend sa chronologie des travaux du statisticien russe Nicolas Kondratieff). Des phases de croissance de l'ordre de vingt-cinq ans alternent avec des phases de croissance lente de la même durée. La périodisation (qui a été discutée et revue par les successeurs de Schumpeter) est la suivante : 1780-1840 (première révolution industrielle, textile), 1840-1896 (diffusion de la vapeur, chemin de fer), 1896-1945 (électricité, acier, chimie), 1945-années 1990 (production de masse, automobile). Schumpeter propose un schéma explicatif de ces cycles longs. Le début de l'expansion est caractérisé par un bourgeonnement de produits et procédés nouveaux (les *grappes d'innovation*), alimenté par des profits élevés et un crédit bancaire abondant, porté par des entreprises nouvelles. Ces profits élevés sont essentiellement des *rentes*, engendrées par la position de monopole dont bénéficient les innovateurs (une innovation ne peut être copiée immédiatement et, dans l'intervalle, l'innovateur est seul sur le marché : c'est le cas sur le marché des microprocesseurs où la course-poursuite entre Intel et AMD guide les fluctuations de prix). C'est une phase d'intense *destruction créatrice* (les entreprises anciennes, porteuses de technologies obsolètes, sont chassées du marché par les entreprises nouvelles) et de forte croissance économique, car les innovations suscitent des investissements. Puis le filon technologique se tarit, les innovations se font moins nombreuses et moins radicales, les entreprises sont prises dans un mouvement de concentration, la croissance ralentit et le profit diminue du fait de l'érosion des rentes associées à des positions de monopole de moins en moins assurées. Lorsque les profits deviennent trop faibles, l'investissement se réduit, une crise ouverte éclate, entraînant des faillites d'entreprises illiquides (elles ne peuvent rembourser leurs dettes) et une récession. Cette crise a une dimension financière d'autant plus marquée que les espoirs entraînés par la vague précédente d'innovations ont amené les investisseurs à placer plus de capital dans des entreprises qui se révèlent finalement non viables. Une fois l'assainissement réalisé (les entreprises les moins viables ayant disparu), les conditions sont mûres pour un redémarrage de l'accumulation. La dernière décennie du XX^e^ siècle illustre parfaitement cette séquence, notamment aux États-Unis, avec la saga de la « nouvelle économie ». Les progrès de l'informatique, autour d'Internet, ont entraîné après 1995 des opportunités de profits qui ont justifié une très forte vague d'investissement, laquelle a permis une accélération de la croissance du PIB (proche ou supérieure à 4 % par an de 1995 à 2000 aux États-Unis). Les cours des actions en Bourse ont connu une envolée à la hauteur des espoirs de profit. Lorsqu'il est apparu que les profits n'étaient pas au niveau attendu, que nombre d'entreprises apparemment prometteuses n'étaient finalement pas viables, les cours boursiers se sont effondrés (à partir de mars 2000), suivis par un repli de l'investissement et une récession de l'économie américaine en 2001-2002.

### Encadré 2. Robinson, la croissance et le progrès technique : une fable

**Consommation, investissement et épargne**

Robinson venait d'arriver sur l'île déserte. De son naufrage, il n'avait sauvé qu'un sac de blé. Robinson se demanda : voilà de quoi vivre, mais pendant combien de temps ?

Il regarda l'île. Elle était composée d'une bonne terre dont la quantité était telle qu'un homme seul ne pourrait jamais la cultiver tout entière. Ce constat soulagea Robinson. Toute sa vie, il avait vécu de son travail. Sur cette terre, ce serait comme ailleurs. Cette année, il sèmerait. L'an prochain, la récolte lui permettrait de vivre et de semer de nouveau.

Il avait cependant un souci : quelle quantité de blé devait-il semer ? Et combien pouvait-il en garder pour sa consommation ?

**Les rendements décroissants**

Robinson décida de planter une certaine proportion de son stock de blé. Les premières années, celui-ci augmenta rapidement. En maintenant constante la proportion du stock qu'il plantait, Robinson consommait, plantait et récoltait toujours plus.

Il se rendit cependant compte que son stock de blé s'accroissait de moins en moins vite. C'est que plus la quantité de grain semé était élevée, plus le rendement de chaque grain était faible. Un jour, il s'aperçut qu'il n'avait plus d'intérêt à accroître la quantité de grain semé : la quantité supplémentaire de blé qu'il semait devenant supérieure à la quantité qu'elle permettait de récolter. Il arrêta donc son expansion. La quantité de grain semé se stabilisa ainsi que les quantités produites et consommées.

**Le progrès technique**

Un matin, Robinson rencontra le perroquet. Ce qu'il avait d'abord considéré comme un simple compagnon de jeu s'avéra d'une aide précieuse. Ce perroquet avait manifestement été en contact avec les plus grands savants et les cultivateurs les plus experts. Chaque jour, il transmettait à Robinson un peu du savoir appris auprès d'eux. Et Robinson pouvait ainsi améliorer l'efficacité de son travail. La production se mit alors à croître et rien ne semblait pouvoir l'arrêter.

yaourt connaît un grand succès, inventé par une certaine entreprise, les autres entreprises offrent quelques mois plus tard des produits similaires sur le marché), l'achat de technologie (on achète une nouvelle machine, il faut apprendre à s'en servir) : elles jouent un rôle important pour rendre opérationnelles les découvertes issues de la recherche et ainsi en réaliser pleinement les potentialités.

Les investissements en recherche et en innovation sont réalisés par les entreprises en fonction des perspectives de gain qu'ils offrent, lesquelles résultent de multiples facteurs : la propension des consommateurs à adopter des produits nouveaux (la cassette audio-numérique a été rejetée par les consommateurs au début des années 1990) ; l'existence de

**L'accumulation du savoir**

Un jour, le perroquet disparut. Au bout de quelques années, la production se stabilisa de nouveau. Robinson comprit alors qu'en étudiant ses expériences passées et en procédant à de nouvelles expérimentations, il pourrait à nouveau améliorer l'efficacité de son travail. Mais une telle étude prendrait du temps qu'il ne pourrait pas utiliser à produire du blé. Cela lui donna un second souci : quelle part de son temps allait-il consacrer à accroître son savoir-faire ? Et combien pouvait-il en consacrer à produire ?

**Innovation et concurrence imparfaite**

Puis Vendredi apparut. Comme l'île était grande, les deux hommes se la partagèrent, chacun cultivant sur sa partie la quantité de blé nécessaire à sa consommation et à son investissement, chacun partageant son temps entre production du blé et étude. Robinson surveillait attentivement les modifications que Vendredi apportait à sa façon d'organiser la production : en les appliquant à son tour, il pouvait accroître la productivité de son travail. Quand Vendredi consacrait une grande partie de son temps à étudier, les progrès de Robinson étaient considérables... À vrai dire, celui-ci aurait souhaité que Vendredi consacre une part plus importante de son temps à étudier et une part plus faible à produire. Vendredi était d'un naturel égoïste. Quand il comprit que son compagnon profitait ainsi de ses travaux d'étude, il décida de construire une palissade pour se protéger de l'espionnage. Ainsi, au bout de quelque temps, les méthodes de production des deux hommes devinrent différentes. Le blé de Robinson fournissait de hauts rendements, mais était d'une qualité médiocre, utile pour les usages courants. Celui de Vendredi était meilleur et pouvait servir dans les occasions exceptionnelles, mais ses rendements étaient faibles. Les deux hommes se mirent à échanger. Vendredi se rendit compte que les quantités de son blé que Robinson souhaitait se procurer étaient d'autant plus importantes que le prix fixé était bas. Ce dont il tint compte pour fixer le prix de son blé...

*Source* : Dominique Guellec et Pierre Ralle, *Les Nouvelles Théories de la croissance*, La Découverte, « Repères », Paris, 5e éd., 2003, p. 3-7.

technologies complémentaires qui assurent une plus grande utilité à la technologie concernée (par exemple, la diffusion de la vidéo numérique est encouragée par la disponibilité de mémoires de plus grande capacité sur les micro-ordinateurs permettant un traitement informatique des films) ; la possibilité pour l'entreprise d'accéder aux facteurs nécessaires à la production du nouveau bien (travailleurs ayant les compétences requises, capital financier disposé à s'investir malgré le risque plus grand associé à la production d'un bien nouveau, par exemple « capital-risque »).

## Rôle des acteurs, rôle de l'État

Les théories de la croissance endogène considèrent en général que le taux de croissance de l'économie dans une économie concurrentielle est inférieur au taux de croissance socialement optimal (celui que commanderait l'intérêt de la société). La raison de cet écart est l'existence d'*externalités*. Les agents prennent leurs décisions d'investissement en fonction du rendement privé, lequel est inférieur au rendement social. Ils investissent donc moins que cela n'est souhaitable pour la collectivité.

Les externalités sont définies comme des interactions entre les agents économiques qui ont lieu en dehors du marché. Dans le cas le plus étudié, celui de l'environnement, les externalités sont négatives : le producteur de nuisances affecte négativement le bien-être des consommateurs sans les compenser monétairement (il n'y a pas de prix associé à la pollution). Dans le cas de la technologie, on a plutôt affaire à des externalités positives, les « externalités informationnelles ». Le savoir produit par l'innovateur bénéficie à d'autres agents sans compensation, monétaire ou autre, de leur part : les autres agents peuvent simplement imiter l'innovateur ou reprendre son idée pour l'améliorer, en n'ayant pas dans tous les cas à repayer le coût intégral de la recherche initiale.

En effet, la connaissance est un *bien public*, caractérisé d'un point de vue économique par deux traits. En premier lieu, une même connaissance peut être utilisée un nombre quelconque de fois, par un nombre quelconque d'agents, et cela simultanément et sans se détériorer. Si l'on ne peut manger la même pomme deux fois, l'on peut en revanche mettre en œuvre la même invention autant de fois que l'on veut sans l'altérer. De plus, la circulation de la connaissance se fait à un coût direct (coût de la transmission) faible par rapport à sa valeur. La conséquence directe de cette propriété, en termes économiques, est que le coût marginal de l'utilisation d'une connaissance existante est nul. Une fois qu'une invention a été réalisée, le coût de sa reproduction est essentiellement nul (le coût d'impression d'un exemplaire d'un livre donné est plus faible que le coût d'écriture de ce livre). Cela constitue une forte incitation à l'imitation. En effet, l'imitateur, contrairement à l'inventeur initial, n'encourt que le coût de production directe du bien, et non le coût de l'invention.

En second lieu, l'inventeur ne peut généralement pas exclure entièrement les autres de l'usage de son invention. Les moyens de protection existants (brevet, secret, barrières à l'entrée fondées sur le contrôle d'actifs complémentaires tels les circuits de distribution) sont au mieux imparfaits (comme l'illustre la saga du MP3 sur Internet). Ainsi, l'invention peut être utilisée par les concurrents comme base pour d'autres découvertes dont l'inventeur initial n'aura pas le contrôle. En conséquence, l'inventeur ne peut, en général, s'assurer le monopole de l'usage d'une connaissance, et donc s'approprier toute sa valeur. Une partie de celle-ci va aux concurrents, une autre partie va aux consommateurs. Les études économétriques estiment en général le rendement privé de l'investissement en recherche à 15-20 % et son rendement social au double environ.

Puisque le rendement privé est plus faible que le rendement social, l'investissement en activités innovantes effectué dans une économie de marché sera inférieur à son montant socialement désirable. Les firmes sous-investissent en recherche, délivrant un progrès technique moindre que celui qui serait atteint si l'intérêt de la société présidait aux investissements en la matière. C'est l'objet de la politique publique, notamment sa composante scientifique et technologique, que de remédier à ce problème par une intervention appropriée de l'État.

C'est sans doute dans la recherche fondamentale que le rendement privé serait le plus faible (l'appropriation privée des résultats fondamentaux est très limitée, et leurs applications économiques directes sont souvent marginales : la découverte d'une nouvelle planète ne présente pas d'intérêt économique à un horizon proche), alors que le rendement social peut être élevé (les connaissances de base se diffusent dans des applications lointaines mais nombreuses, en aval). Il y a un décalage de quarante ans entre la théorie de la relativité restreinte d'Einstein et les premières centrales nucléaires. D'où l'importance particulière des politiques scientifiques, sans lesquelles la recherche fondamentale serait sans doute très faible, avec des conséquences dommageables sur le progrès technique dans le long terme. L'État finance donc des institutions publiques de recherche, tel le CNRS (Centre national de la recherche scientifique) en France.

L'État peut aussi créer des règles institutionnelles qui assurent un niveau plus élevé au rendement privé de la recherche. Il en est ainsi du brevet, titre de propriété accordé à l'inventeur à titre temporaire (au maximum vingt ans) et qui lui assure le monopole d'exploitation de son invention sur la période. Le propriétaire peut soit produire lui-même l'invention protégée et extraire ainsi une rente du marché, soit accorder des licences, c'est-à-dire vendre à d'autres producteurs le droit d'utiliser sa découverte. Si le brevet est un outil important pour susciter l'innovation (dans nombre de cas, sans la garantie de ne pas être imitée, une entreprise n'engagerait pas les lourdes dépenses requises par la recherche), il a en revanche le défaut d'accorder un monopole à une entreprise privée, qui peut en faire un usage pas toujours compatible avec des critères sociaux plus larges que le profit (voir les problèmes rencontrés par les pays en développement pour accéder à certains médicaments brevetés).

L'État peut financer directement ou indirectement l'effort de recherche des entreprises. Les aides directes (subventions) sont distribuées selon certains critères, concernant soit le projet aidé (aides centrées sur certaines technologies, telles les technologies de l'information et de la communication), soit le bénéficiaire de l'aide (les petites entreprises sont aidées par l'établissement public OSEO-ANVAR, les grands programmes d'innovation industrielle sont soutenus par l'Agence de l'innovation industrielle, etc.). L'Union européenne, à travers les « programmes cadres de R&D », contribue de façon croissante aux aides directes (environ 1 milliard d'euros en France en 2005). Le crédit d'impôt recherche (aide indirecte) consiste à accorder aux entreprises une réduction de leur impôt proportionnelle au niveau et à l'accroissement de leur dépense en recherche. Son montant est, en France, de 890 millions d'euros en 2005.

L'intervention de l'État dans la recherche ne se borne pas à pallier les défaillances du marché. L'État est aussi un consommateur de technologie, en matière de défense, de santé, d'environnement ou pour satisfaire d'autres besoins sociaux. Il est souvent difficile de séparer les besoins de l'État de ceux du marché, du fait de la polyvalence de nombreuses techniques : une technologie mise au point pour un avion militaire, et donc payée par l'État, peut pour partie être utilisée dans un avion civil. Ainsi, les politiques d'achat public sont un moyen d'intervention sur le marché. C'est un objet de litiges internationaux récurrents que de savoir dans quelle mesure les gouvernements utilisent les commandes publiques comme moyen caché de subvention de la recherche privée (caché car interdit par les règles internationales de l'OMC, l'Organisation mondiale du commerce), notamment dans le cas de l'aéronautique (Boeing aux États-Unis contre Airbus en Europe).

Les politiques publiques affectant la croissance sont bien sûr plus larges que les seules mesures prises dans les domaines scientifique et technique. Les politiques d'éducation notamment, qui conditionnent la qualification de la main-d'œuvre, donc sa capacité à produire et utiliser les technologies nouvelles, mais aussi les investissements publics en infrastructures (transports par exemple) jouent un rôle clé en fournissant aux entreprises les facteurs qu'elles ne sont pas en mesure de produire elles-mêmes.

Graphique 1. **Dépenses de R&D en % du PIB, 1994 à 2005**

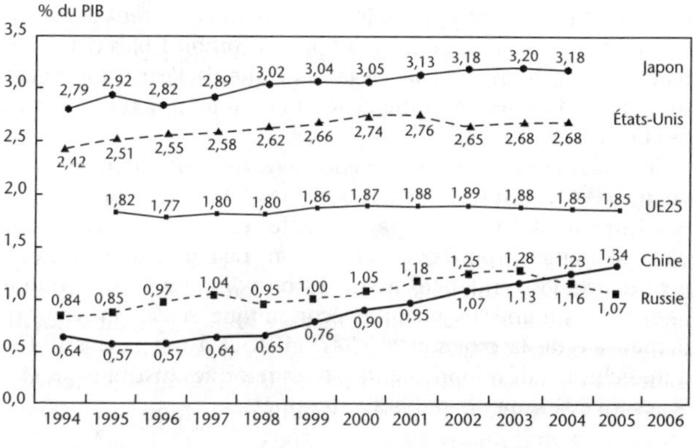


*Note* : en 2005, l'intensité de R&D (c'est-à-dire les dépenses R&D en % du PIB) s'est stabilisée à 1,85 % dans l'Union européenne (2,13 % en France). L'UE25 a consacré 200,6 milliards d'euros en valeurs nominales à la R&D (36 milliards en France). 55 % des dépenses ont été financées par le secteur des entreprises (52 % en France).

*Source* : Eurostat/Statistiques de la R&D-OCDE-MSTI 2006/1.

## Conclusion : durabilité de la croissance

On a vu les théories de la croissance endogène expliquer pourquoi l'idée de la fin de la croissance qui hantait les économistes au début du XIXe siècle ne s'est pas réalisée : parce que la loi des rendements décroissants ne s'applique pas au progrès technique.

Mais un niveau de production sans cesse accru a aussi engendré des dommages à l'environnement à une échelle correspondante. Le réchauffement de la planète en est la forme extrême. Toutefois, le progrès technique a aussi une autre face.

En effet, la croissance apparaît historiquement comme opérant une substitution de la technologie à d'autres facteurs, matériels et donc épuisables : matières premières, machines (elles aussi faites de matière). Le PIB est de plus en plus immatériel, alors que les consommations « intangibles » — services, culture — prennent une place accrue dans le panier des ménages. Le progrès technique a aussi montré sa capacité à réduire les nuisances à l'environnement engendrées par les activités matérielles : du fait des recherches activement menées par les États et par les entreprises, les automobiles émettent de moins en moins de composés nocifs, les piles à combustibles (consommant de l'hydrogène et ne dégageant que de l'eau) pourraient supplanter dans les décennies à venir les moteurs actuels brûlant des dérivés du pétrole.

Les théories de la croissance endogène reflètent la malléabilité du progrès technique, dont le rythme et l'orientation ne sont pas imposés à l'homme par la seule nature, mais résultent d'investissements publics et privés, donc de choix. Si les sociétés jugent que les tendances actuelles ne vont pas suffisamment dans le sens d'une soutenabilité économique, sociale et environnementale de la croissance, elles ont tout à fait la possibilité d'infléchir ces développements par les réformes institutionnelles et les investissements publics appropriés.

**Repères bibliographiques**

GUELLEC D., *Économie de l'innovation*, La Découverte, « Repères », Paris, 1999.

GUELLEC D. et RALLE P., *Les Nouvelles Théories de la croissance*, La Découverte, « Repères », Paris, 5e éd., 2003.

## II / Les déterminants de l'investissement

*Jean-Paul Piriou**

### L'investissement : définitions et typologie

*Investissement et FBCF*

Apparu en 1924 selon le *Petit Robert*, le terme « investissement », d'origine anglaise, désigne l'engagement de capitaux (c'est-à-dire de liquidités, de monnaie) dans une entreprise. Pour l'économiste, l'investissement est un « détour de production » : au lieu de consommer directement tout ce qui est produit par l'économie nationale, on en emploie une partie à améliorer les capacités de production. On dépense aujourd'hui pour produire davantage demain. Cette amélioration peut consister en achat de moyens de production supplémentaires, en dépenses de formation de la main-d'œuvre (investissement dans le capital humain), en dépenses de recherche et développement (R&D), etc. On peut même admettre que lorsqu'une entreprise interrompt sa production pour réorganiser la production ou déménager, la perte consécutive à l'interruption est un investissement. Lorsque l'économiste parle d'investissement en général, il pense la plupart du temps à l'achat des moyens matériels de production.

Cette conception se retrouve dans la comptabilité nationale. L'investissement y est mesuré par la FBCF (formation brute de capital fixe), c'est-à-dire par *la valeur des achats de biens durables utilisés pendant au moins un an dans le processus de production.* Il

* Jean-Paul Piriou (1946-2004) était maître de conférences en économie à l'université Paris-I. Son texte a été revu par Pascal Combemale.

correspond à des acquisitions d'*actifs corporels* : machines, véhicules, bâtiments et équipements divers. On parle de capital fixe parce que ces biens durables *fixent* de la valeur pendant plus d'un an. Cette définition est restée celle de la comptabilité nationale pendant un demi-siècle ; elle était restrictive et de plus en plus inadaptée à la réalité puisqu'elle omettait les acquisitions d'*actifs incorporels*, c'est-à-dire les investissements immatériels (recherche et développement, logiciels, formation...). Depuis la fin du siècle dernier, le champ couvert par la FBCF des entreprises et des administrations a été élargi aux logiciels (4 % de la FBCF totale en 2001). Les dépenses de recherche et développement restent toujours exclues.

*Investissement et capacité de production*

L'entreprise ne s'intéresse pas à l'investissement (flux) en tant que tel. Ce qui lui importe, c'est le niveau de son capital (stock). Est-il assez élevé pour assurer la production souhaitée ? C'est seulement si le stock de capital *effectif* est inférieur au stock de capital *désiré* que l'entreprise investit (le capital désiré est celui dont l'entreprise souhaiterait disposer pour produire).

Le niveau désiré du capital dépend de la production souhaitée et du *coefficient de capital c*, rapport de la valeur du capital fixe à celle de la valeur ajoutée. Si, pour produire 500 millions d'euros de valeur ajoutée pendant l'année, l'entreprise a besoin d'utiliser un capital fixe de 3 milliards d'euros (valeur des machines, équipements...), son coefficient de capital *c* est donc de 6. Un coefficient très élevé correspond à une production très *capitalistique* (une centrale nucléaire par exemple) ; un coefficient faible serait plutôt celui du coiffeur. En ce début de siècle, le coefficient de capital des sociétés non financières est en France voisin de 2. Très variable évidemment selon les branches : 5 pour l'énergie, 3 pour l'agriculture ou les transports, 2 pour l'industrie, mais seulement 1 pour le commerce ou les services aux entreprises.

Lorsque l'on parle d'investissement, il ne faut jamais perdre de vue que *le motif de l'investissement n'est pas nécessairement d'accroître les capacités de production*. Il peut aussi être d'augmenter la productivité pour baisser les coûts. Il y a donc des *investissements de capacité* (pour produire plus de produits ou des produits nouveaux) et des *investissements de productivité*, mais il n'est pas toujours facile de les distinguer. Notons aussi l'existence d'*investissements de remplacement* lorsqu'il s'agit de

## Encadré 1. Investissement et capital

La population peut être vue comme un stock. Celui-ci augmente grâce à un flux (les naissances) et diminue à cause d'un autre flux (les décès). La variation de la population $\Delta P$ pendant l'année est égale aux naissances annuelles $N$ moins les décès annuels $D$. Tant que les naissances sont supérieures aux décès, la population augmente. Ceci est encore vrai si les naissances de l'année sont inférieures à celles de l'année précédente mais restent supérieures aux décès. L'investissement et le capital entretiennent le même type de relations que les naissances et la population.

Chaque année, la FBCF vient augmenter le stock de capital $K$ ; mais, chaque année également, une partie du capital déjà là doit être remplacée car elle est usée (autrement dit, il y a des décès). Cette usure du capital fait diminuer le stock de capital. La FBCF correspond à l'investissement brut dans lequel on ne peut pas distinguer les équipements qui servent à remplacer les équipements usés de ceux qui font augmenter le stock de capital (de même qu'on ne peut distinguer dans les naissances celles qui remplacent les morts de celles qui font augmenter la population).

La variation de la population est égale à la différence entre les naissances et les décès. De même, la variation du capital est l'excédent de la FBCF (investissement brut) sur la consommation de capital fixe CCF (mesure de l'usure du capital ou amortissement). Cet excédent s'appelle aussi l'investissement net. La population ne diminue pas si les naissances régressent tant qu'elles demeurent supérieures aux décès. De même, la FBCF peut diminuer sans que le capital ne baisse. Il suffit que la FBCF reste supérieure à la consommation de capital fixe (l'amortissement).

En France, aujourd'hui, la valeur de la consommation de capital fixe des entreprises représente environ 14 % de leur valeur ajoutée. La consommation de capital fixe de l'ensemble de l'économie (entreprises, ménages, administrations) représente chaque année quelque 14 % du PIB. Ceci correspond à un peu plus de 5 % de la valeur du capital fixe au début de l'année.

Schéma 1. **Flux et stocks**

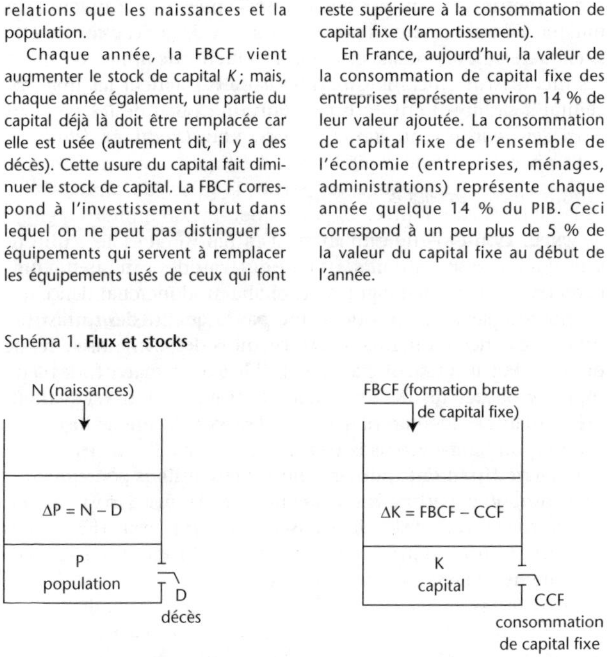

remplacer les équipements déclassés, c'est-à-dire ceux qu'il a fallu retirer du processus de production soit parce qu'ils sont usés à force d'avoir fonctionné, soit parce qu'ils sont devenus obsolètes. Pour un bien d'équipement, l'*obsolescence* — Marx parlait d'*usure morale* — est le fait d'être périmé à cause de l'évolution technique (par exemple, un ordinateur qui peut continuer à fonctionner sans problème mais est rendu obsolète par l'arrivée sur le marché d'un nouveau modèle beaucoup plus puissant et de coût moindre). L'investissement de remplacement est souvent simultanément un investissement de productivité. Si l'investissement de remplacement n'est pas réalisé, la valeur du capital fixe diminue et on parlera alors souvent de *désinvestissement*.

L'opposition entre les investissements de productivité et ceux de capacité renvoie à une autre distinction usuelle : si la croissance repose surtout sur des investissements de capacité, on parlera souvent de *croissance extensive* ; et de *croissance intensive* si elle repose d'abord sur des investissements de productivité. La distinction entre les investissements de capacité et les investissements de productivité est importante puisque *les premiers créent des emplois alors que les seconds, généralement, en détruisent.*

### *Investissements publics et privés*

Les investissements publics réalisés par l'État et les collectivités locales (routes, ponts, universités, casernes, infrastructures diverses, etc.) ont une logique en général non marchande, ce qui ne signifie pas qu'ils n'influencent pas la qualité des infrastructures qui conditionnent les performances des entreprises. Ils ne dépendent pas d'une demande solvable sur un marché, des taux d'intérêt ou des autres facteurs qui déterminent l'investissement privé, mais des ressources que la collectivité décide de mobiliser pour répondre à certains besoins.

Les investissements publics peuvent être utilisés pour soutenir une conjoncture économique défaillante. On parle alors de politique contracyclique. L'investissement public brut (FBCF) des administrations représentait 3,5 % du PIB en 2002, soit un sixième de l'investissement national.

*Investissement dans les logements*

Les achats de logements (et les grosses réparations des logements) font partie de la FBCF. Les investissements en logements correspondent à environ 5 % du PIB et au quart de l'investissement total. Pour plus de 80 %, les logements sont détenus par des ménages. L'évolution de l'investissement en logements dépend de celle du revenu des ménages, mais aussi, de façon décisive, de celle du taux d'intérêt car la plupart des logements sont achetés à crédit : lorsque le taux d'intérêt s'élève, de nombreux candidats à l'accession à la propriété doivent renoncer à leur projet car les mensualités de remboursement deviennent trop élevées ; s'ils ne renoncent pas, les banques les y obligent puisqu'elles ne prêtent pas lorsque les mensualités de remboursement dépassent une certaine proportion (environ un tiers) du revenu des emprunteurs ; elles ont en effet l'expérience du fait que, au-delà de cette proportion, les défauts de remboursement sont trop nombreux.

Lorsque les économistes s'interrogent sur l'évolution de l'investissement, ils ne raisonnent généralement que sur l'investissement productif privé : les achats de machines, d'équipements divers, de véhicules, de logiciels et de bâtiments nécessaires pour produire des biens et services vendus sur le marché. C'est la partie de la FBCF la plus sensible aux modifications du « climat des affaires », c'est-à-dire aux anticipations des entrepreneurs.

## Les deux horizons de l'investissement

Le discours de l'économiste sur l'investissement diffère beaucoup selon qu'il considère l'économie à court terme ou à un horizon plus éloigné. Le court terme correspond à la période pendant laquelle les capacités de production sont considérées comme données, mais pendant laquelle il est possible de faire varier la production en modifiant le niveau de l'emploi (durée du travail, nombre de travailleurs). À court terme, l'investissement est seulement un élément de la demande finale. Pour bien comprendre ce que cela signifie, il suffit de se remémorer l'égalité nécessairement réalisée entre les ressources en produits dont dispose l'économie nationale et les utilisations de ces produits par cette même économie (entre parenthèses, les montants à prix courants pour l'année 2005 en milliards d'euros) :

PIB (1 710) + importations (462,6) = consommation finale effective des ménages (1 240,6) + consommation finale effective des administrations (141), investissement, appelé aussi FBCF (337,1) + variation des stocks (7,6) + exportations (446,3).

Que l'investissement — la FBCF — soit un élément de la demande finale signifie que sa variation va peser sur la conjoncture économique, c'est-à-dire sur la situation de l'économie à un moment donné. S'il est en croissance, ceux qui investissent augmenteront leur demande de biens d'équipement, ce qui élargira les débouchés des entreprises qui les produisent et améliorera le niveau de la production et de l'emploi (sauf si les biens d'investissement sont importés). Cet enchaînement ne sera évidemment possible que si l'économie peut produire plus, c'est-à-dire est en situation de sous-emploi. Dans le cas d'une économie en plein emploi, il ne sera possible à court terme d'investir plus qu'en réduisant la consommation ou les exportations, ou en augmentant les importations. Si, au contraire, l'investissement est en régression, la demande finale faiblira ; face à des débouchés qui se contractent, les entreprises réduiront la production et l'emploi.

À court terme évidemment, l'évolution de l'investissement n'est pas la seule cause de variation de la conjoncture. Ce n'est pas *a priori* non plus la plus importante. Par exemple, si la consommation des ménages augmente de 3 %, l'effet sur la croissance du PIB sera plus important que si l'investissement s'accroît d'autant. Lorsque cette consommation pèse près de 80 % du PIB, une telle croissance représente finalement 2,4 points de PIB (c'est-à-dire 3 % de 80 %), alors que l'investissement pesant seulement quelque 20 % du PIB, une variation équivalente de 3 % ne compte que pour 0,6 point de PIB (3 % de 20 %). Si, malgré cette dernière remarque, les variations de l'investissement à court terme retiennent l'attention, c'est parce qu'elles risquent d'être beaucoup plus fortes (et difficiles à prévoir) que celles des autres éléments de la demande finale.

Autrement dit, comme élément de la demande finale, l'investissement est porteur à court terme d'instabilité pour l'économie, ainsi qu'on le verra bientôt. Dès que nous sortons du court terme, l'investissement est considéré comme une accumulation de capital qui permet la croissance. Cette question a été traitée dans le chapitre précédent qui a dit en quoi l'investissement avait à voir avec la croissance et le rôle qu'il jouait par rapport à l'innovation.

Ces premières observations ont esquissé les enjeux de l'investissement : à court terme, l'investissement peut ou non soutenir l'activité parce qu'il est un élément de la demande ; à moyen terme, il est irremplaçable parce qu'il desserre la contrainte qui limite l'offre.

## L'accélérateur

Pour avoir besoin d'investir, il faut évidemment être incapable de produire plus avec le capital déjà installé. Autrement dit, la première condition de l'investissement — évidente — est que le *taux d'utilisation des capacités de production* soit très élevé, de telle sorte que de nouveaux équipements soient nécessaires pour produire plus.

Encore faut-il avoir besoin de produire plus, autrement dit que les débouchés *prévus*, que la demande *anticipée* soient suffisants.

Graphique 1. **Investissement des entreprises en volume**
(1985 = 100)

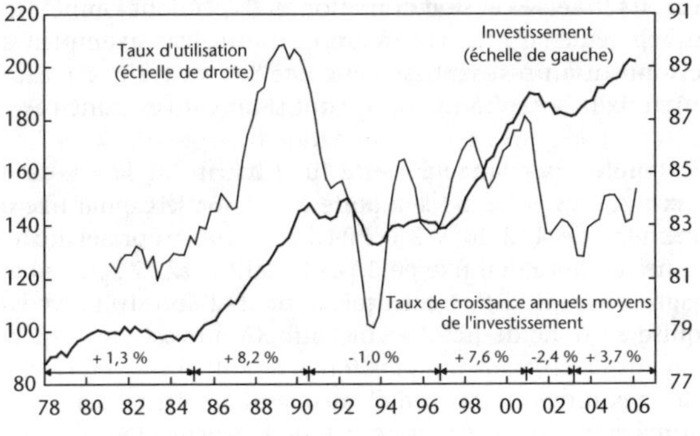


*Source* : Insee, comptes nationaux ; calculs OFCE, *L'Économie française 2007*, La Découverte, « Repères », Paris, 2006, p. 71.

Nous examinons maintenant comment doit évoluer l'investissement si les entreprises veulent produire plus pour satisfaire la demande qu'elles anticipent.

*Un exemple numérique*

Supposons que le *coefficient de capital* soit toujours égal à 2 ; ce coefficient est égal au capital fixe rapporté à la valeur ajoutée (VA). Autrement dit, avec un capital fixe de 200 euros, les entreprises peuvent produire 100 euros de VA. On considère que ces données sont celles de l'année 0. Pendant l'année 1, les entreprises veulent produire plus, elles veulent augmenter leur VA de 6 % ; comme la VA doit atteindre 106, le capital fixe nécessaire est donc de 212. Pour atteindre ce niveau, les entreprises doivent donc faire varier leur capital fixe de 12.

C'est possible grâce à l'investissement. Mais celui-ci sera plus élevé, car les entreprises ne doivent pas seulement faire varier le niveau du stock de capital fixe, elles ont aussi à remplacer le capital fixe usé. On considère que, chaque année, ce sont 5 % de la valeur du capital fixe existant à la fin de l'année précédente qui doivent être remplacés. Ainsi, pendant l'année 1, par exemple, l'investissement de remplacement doit être de 10 euros (la valeur du capital fixe à la fin de l'année 0 multipliée par le taux d'amortissement). L'investissement brut (la formation brute de capital fixe, FBCF) doit donc être de 22 pendant l'année 1, sur lesquels seulement 12 correspondent à un investissement net, c'est-à-dire à un investissement qui fait varier le niveau du capital fixe. Le tableau 1 est construit suivant ces principes.

Exemple : pendant l'année 2, une hausse de la VA de 6 % prévue par les entreprises la porte à 112,36 ; le capital fixe doit donc être de 112,36 × 2 = 224,72 ; les entreprises doivent augmenter le capital fixe de 224,72 – 212 = 12,72 ; par ailleurs, l'usure du capital fixe est de 5 % de 212 soit 10,6. La FBCF requise est donc de 12,72 + 10,6 = 23,32 euros.

Pour commenter les principaux résultats du tableau, il faut distinguer selon que la croissance de la valeur ajoutée se fait à taux constant ou non.

Tableau 1. **L'effet d'accélération**

| | Année 1 | Année 2 | Année 3 | Année 4 | Année 5 | Année 6 | Année 7 | Année 8 |
|---|---|---|---|---|---|---|---|---|
| Variation de la VA (%) | 6 | 6 | 2 | 2 | 4 | 4 | 0 | 0 |
| Niveau de la VA (euros) | 106 | 112,36 | 114,61 | 116,90 | 121,58 | 126,44 | 126,44 | 126,44 |
| Capital fixe nécessaire (euros) | 212 | 224,72 | 229,21 | 233,80 | 243,15 | 22,88 | 252,88 | 282,88 |
| Variation du capital fixe (euros) | 12 | 12,72 | 4,49 | 4,58 | 9,35 | 9,73 | 0 | 0 |
| Usure du capital fixe (euros) | 10 | 10,60 | 11,24 | 11,46 | 11,69 | 12,16 | 12,64 | 12,64 |
| FBCF (euros) | 22 | 23,32 | 15,73 | 16,05 | 21,04 | 21,88 | 12,64 | 12,64 |
| Variation de la FBCF (%) | nd | 6 | – 32,55 | 2 | 31,14 | 4 | – 42,22 | 0 |
| Variation du capital fixe (%) | 6 | 6 | 2 | 2 | 4 | 4 | 0 | 0 |
| Taux d'investissement (%) | 20,75 | 20,75 | 13,73 | 13,73 | 17,31 | 17,31 | 10 | 10 |

VA : valeur ajoutée.
FBCF : formation de brute de capital.
Taux d'investissement : FBCF/VA.

### *L'investissement et la croissance à taux constant*

La valeur ajoutée croît à taux constant lorsque son taux de croissance est le même que celui de l'année précédente (c'est le cas ici des années paires). Pendant ces années, on observe que la valeur ajoutée et le capital fixe croissent au même taux. Ce n'est pas étonnant : puisqu'on a fait l'hypothèse que le coefficient de capital (c'est-à-dire le rapport capital fixe/VA) était constant, il est logique que le capital fixe évolue au même rythme que la valeur ajoutée.

On observe aussi que la FBCF croît au même taux que la VA. Dans ces conditions, le taux d'investissement (rapport de la FBCF à la VA) est stable (le numérateur et le dénominateur augmentent au même taux) : ainsi, le taux d'investissement est de 20,75 % en 2 comme en 1, de 13,73 % en 4 comme en 3, de 17,31 % en 6 comme en 5, de 10 % en 8 comme en 7. Ce constat est fondamental : *dans la croissance à taux constant, la part de la VA consacrée à la FBCF est constante mais liée au niveau du taux de croissance. Il n'y a pas d'à-coups dans l'évolution de la FBCF.* Ce n'est plus du tout le cas lorsque le taux de croissance se modifie.

### *Les soubresauts de l'investissement*

Lorsque le taux de variation de la VA n'est plus le même que l'année précédente (c'est le cas ici pour les années impaires), on constate que l'égalité des taux de croissance de la VA et du capital fixe se maintient. C'est normal puisqu'elle n'est — on l'a vu — que la conséquence logique de l'hypothèse de fixité du coefficient de capital.

En revanche, l'évolution de la FBCF n'opère plus sans à-coups mais avec des soubresauts : – 33 % en année 3 lorsque la croissance de la VA passe de 6 à 2 % (l'investissement s'effondre alors que la croissance reste positive mais a ralenti) ; + 31 % en année 5 lorsque le taux de croissance remonte à 4 % ; – 42 % en année 7 quand la croissance disparaît. Ces violentes variations se traduisent par de fortes variations du taux d'investissement.

Finalement, l'évolution de l'investissement est nettement plus chaotique que celle de la production.

Tableau 2. **Les soubresauts de l'investissement**
(en %)

| | FBCF | VA |
|---|---|---|
| Année 2 | 6 | 6 |
| Année 3 | – 33 | 2 |
| Année 4 | 2 | 2 |
| Année 5 | 31 | 4 |
| Année 6 | 4 | 4 |
| Année 7 | – 42 | 0 |
| Année 8 | 0 | 0 |

Nous sommes ici en présence des manifestations de ce que les économistes appellent l'accélérateur : la vitesse de l'investissement ne dépend pas de la vitesse de la valeur ajoutée mais de son accélération (ou de sa décélération).

Dans les économies concrètes, le phénomène d'accélération est moins violent que dans notre exemple. Surtout parce que le coefficient de capital n'est pas totalement fixe. Il dépend en effet de la durée et de l'intensité d'utilisation des équipements. Par exemple, une hausse de cette durée permet de produire plus avec le même capital fixe, ce qui limite un peu le besoin d'investissement supplémentaire. En outre, le taux d'utilisation des capacités de production peut fluctuer, ce qui permet là encore de rendre moins rigide le lien entre le stock de capital et la production réalisable.

### *Les conséquences*

*Le phénomène d'accélération est un facteur d'instabilité pour l'économie.* Les fluctuations de la FBCF ne conduisent pas seulement les secteurs qui produisent les biens d'équipement à une évolution de leur activité plus heurtée que celle des secteurs des biens de consommation. Elles provoquent sur l'ensemble de l'économie des chocs amplifiés par le mécanisme du multiplicateur. En retour, les effets du multiplicateur sur la demande peuvent renforcer les effets d'accélération.

Graphique 2. **Taux d'investissement dans l'ensemble de l'économie**
(en %, (investissement + variations de stock)/PIB)

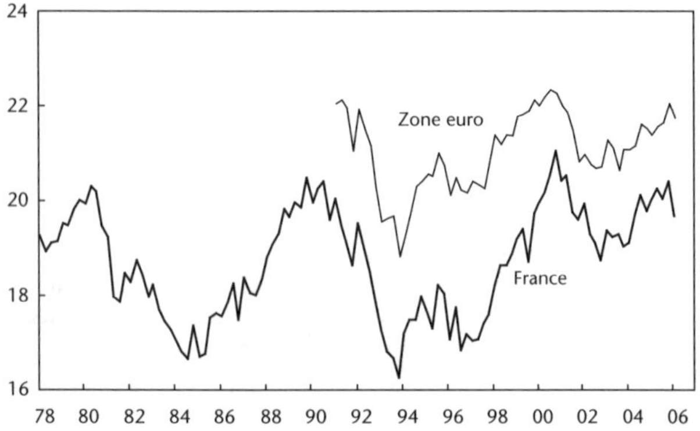


*Source* : Insee, Eurostat ; calculs OFCE, *L'Économie française 2007*, La Découverte, « Repères », Paris, 2006, p. 72.

## Les autres déterminants de l'investissement

L'investissement ne dépend pas exclusivement de l'évolution de la demande, mais aussi de l'intérêt, du profit antérieurement réalisé, du coût relatif des facteurs.

*Le taux d'intérêt*

Pour appréhender l'influence du taux d'intérêt sur l'investissement, il faut comprendre que les investissements n'ont pas tous le même rendement. On effectue d'abord les investissements les plus rentables. Au fur et à mesure que l'investissement augmente, on met en œuvre des projets dont la rentabilité est de plus en plus faible. Autrement dit, le rendement de l'investissement supplémentaire décroît au fur et à mesure que le niveau de l'investissement s'élève.

Les investissements doivent en général être financés par des emprunts. Ceux-ci coûtent le taux d'intérêt. En résulte que le niveau de l'intérêt influence celui des investissements. Lorsque le taux d'intérêt s'élève, certains projets d'investissement deviennent non rentables. Plus le taux d'intérêt des emprunts est élevé, plus la masse des investissements rentables est faible. Et réciproquement, lorsque le taux d'intérêt diminue, le volume des investissements qu'il est rentable de réaliser augmente. Notons qu'il s'agit ici du taux d'intérêt réel long.

Dans ces conditions évidemment, *toutes choses égales par ailleurs*, une politique économique qui permet de faire baisser le taux d'intérêt devrait conduire à un accroissement de l'investissement. En pratique, cette influence dépend de la plus ou moins grande sensibilité (l'élasticité) de l'investissement au taux d'intérêt.

*L'influence du taux d'intérêt sur l'investissement ne doit pas être surestimée. La baisse du taux d'intérêt ne provoquera aucune hausse de l'investissement si les débouchés sont insuffisants, c'est-à-dire s'il existe des capacités de production sous-employées.* Ce n'est pas parce que le prix de l'eau a baissé que l'on peut faire boire un âne qui n'a pas soif.

### *Le profit*

Dans le raisonnement précédent, nous avons implicitement supposé que le marché financier était parfait, c'est-à-dire que le taux d'intérêt était une donnée pour l'entreprise ; autrement dit, qu'elle pouvait emprunter autant qu'elle le voulait au taux d'intérêt en vigueur (si elle ne le peut pas, il ne sert à rien de s'interroger sur l'influence du taux d'intérêt sur l'investissement).

En pratique, l'entreprise ne peut pas s'endetter de façon illimitée. Pour limiter leurs risques, les banques vont obliger l'entreprise à respecter certaines proportions entre ses emprunts et son autofinancement (ou/et lui faire payer des primes de risque de plus en plus élevées au fur et à mesure qu'elle s'endette). Autrement dit, un certain rationnement du crédit va s'imposer à l'entreprise.

Dans ces conditions, le profit réalisé précédemment par l'entreprise devient un déterminant de l'investissement. Lorsque ce profit a augmenté, l'entreprise peut desserrer la contrainte qui pesait sur son financement du fait de ces pratiques bancaires : à taux d'intérêt donné, elle peut emprunter plus, donc investir plus.

Insistons sur le fait que ce raisonnement n'aboutit en aucune manière à dire que l'investissement dépend, *en général*, du profit réalisé : il dépend du profit seulement, dans la mesure où ce dernier permet à l'entreprise qui a des débouchés de contourner la contrainte de financement due à l'imperfection du marché financier.

## Encadré 2. Du taux de marge à la profitabilité

Les développements qui vont suivre sont simplifiés, mais ils permettent de mettre en évidence des phénomènes importants pour comprendre la décision d'investir.

**Le taux de marge**

Le taux de marge est la part de l'excédent brut d'exploitation de l'entreprise (EBE) dans la valeur ajoutée (VA). L'EBE peut être interprété comme un profit puisque c'est ce qui reste à l'entreprise de la valeur de la production après qu'elle a réglé tous les coûts directement liés à cette production (consommations intermédiaires, salaires et impôts liés à la production). Pour avoir une meilleure idée du profit produit par l'entreprise, il faut retirer de l'EBE la valeur du capital fixe usé au cours de la période — l'amortissement économique — pour obtenir l'excédent net d'exploitation (cet amortissement économique appelé consommation de capital fixe correspond à 13 ou 14 % de la valeur ajoutée des sociétés en France). Dans la suite de ce texte, nous ignorons ce problème et raisonnons à partir de l'EBE.

Si l'on néglige les impôts sur la production, le taux de marge peut se décomposer ainsi (en appelant les salaires SAL) :

$$EBE/VA = (VA - SAL)/VA$$
$$= 1 - SAL/VA.$$

Autrement dit, le taux de marge augmente lorsque SAL/VA — le poids des salaires dans la valeur ajoutée — baisse. Pour mieux comprendre de quoi dépend ce poids, il suffit de diviser numérateur et dénominateur par le nombre de salariés (il vous est recommandé d'écrire la suite des transformations du taux de marge sur un papier pour mieux assimiler le raisonnement). Le numérateur devient ainsi le salaire par tête et le dénominateur la valeur ajoutée par tête. Si nous divisons maintenant numérateur et dénominateur par un indice de prix, nous obtenons au numérateur le salaire réel et au dénominateur la productivité apparente du travail (on pourrait encore diviser les deux termes de la fraction par le nombre d'heures travaillées par chaque salarié, ce qui donnerait le salaire et la productivité horaires). On peut donc écrire :

Taux de marge = 1 –
(salaire réel/productivité du travail).

D'un point de vue comptable, après coup, on pourra donc constater que le taux de marge augmente quand le salaire réel baisse ou quand la productivité s'accroît. Mais aussi qu'une hausse du salaire réel n'est pas incompatible avec une hausse du taux de marge si la productivité s'élève plus rapidement que le salaire réel. Ou encore qu'une élévation du salaire réel égale à celle de la productivité est compatible avec un maintien du taux de marge. À noter que le ratio salaire réel/productivité est la même chose que le coût salarial par unité (de valeur ajoutée) produite. Cette notion apparaît donc décisive pour comprendre la dynamique du taux de marge.

Lorsque les entreprises subissaient un ralentissement de la croissance de la production, elles mettaient auparavant un certain temps à ajuster l'emploi à la nouvelle évolution de la production ; il en résultait donc un ralentissement brutal — voire une diminution — de la productivité, qui se traduisait par une baisse du taux de marge ; une accélération de la production (ou une inflexion de l'évolution du salaire réel) produisait un phénomène inverse (ce décalage entre l'évolution de la production et celle de l'emploi est à l'origine de ce que l'on appelle le « cycle de la productivité »). On peut lire à la lumière de cette observation l'évolution du taux de marge.

Au cours de la dernière décennie du siècle, ce phénomène semble avoir régressé considérablement. Pour s'en convaincre, il est intéressant d'observer l'évolution du taux de marge des sociétés du secteur concurrentiel (c'est-à-dire sans les grandes entreprises nationales, GEN) lors de chacune des récessions qui ont frappé l'économie française. En 1975 et en 1993, l'activité de ces sociétés se contracte à peu près de la même façon : baisse de l'ordre de 1 % du volume de la VA par rapport à l'année précédente. Mais, alors qu'en 1975 leur taux de marge chute de 3,4 points (29,4 % en 1974, 26 % en 1975), en 1993 le taux reste stable (30,2 après 30,3 en 1992). Cette différence illustre à quel point le rapport de forces entre les entreprises et les salariés s'est inversé en vingt ans. La facilité et la rapidité avec lesquelles les entreprises peuvent ajuster leurs effectifs salariés (flexibilité du travail) leur permettent de stabiliser leur part dans la valeur ajoutée dans un contexte où l'activité évolue très irrégulièrement. C'est bien ainsi qu'il faut interpréter la spectaculaire stabilité du taux de marge dans les années 1990.

**Rentabilité économique et rentabilité financière**

Le ratio EBE/VA n'est pas un taux de profit : il rapporte un flux à un autre flux alors que le taux de profit rapporte un flux (le profit) à un stock (la valeur K du capital engagé pour produire : machines, équipements et autres actifs non financiers).

Pour l'économiste, la variation du taux de marge est un bon indicateur de l'évolution du partage de la valeur ajoutée entre les salariés et les entreprises. Pour l'entrepreneur qui veut maximiser son profit, ce n'est pas le taux de marge mais le taux de profit qui doit être le critère de la décision d'investir. Pour mieux comprendre son raisonnement, il faut introduire des notions supplémentaires.

L'acquisition du capital non financier K (machines, etc.) a été financée par des fonds propres FP (liquidités apportées par les actionnaires de l'entreprise et profits non distribués accumulés dans l'entreprise) et par des dettes financières DF (crédits bancaires, emprunts obligataires, etc.). On a donc K = FP + DF.

On définit la rentabilité économique $R_{éco}$ = EBE/K. C'est un indicateur de performance des capitaux engagés dans la production quelle que soit leur origine : fonds propres ou dettes financières. La rentabilité économique est donc indépendante du mode de financement de l'entreprise. Elle dépend seulement du taux de marge et de la « productivité apparente du capital » VA/K. En effet, on peut écrire :

$$EBE/K = (EBE/VA) \times (VA/K).$$

Comme $R_{éco}$ = EBE/K et que K = FP + DF, on peut écrire $R_{éco}$ = EBE/(FP + DF). La rentabilité économique est le critère que devrait retenir l'économie nationale pour sélectionner les projets d'investissement. Mais la relation $R_{éco}$ = EBE/(FP + DF) montre bien que la rentabilité économique n'est pas ce qui détermine directement la décision d'investir des propriétaires de l'entreprise.

Car ce qui leur importe n'est pas le rendement de l'ensemble des capitaux engagés (FP + DF) mais le rendement de leurs propres capitaux (FP). On parle de rentabilité financière ($R_{fi}$) pour désigner ce rendement. Pour calculer la rentabilité financière, il faut retirer de l'EBE les intérêts versés sur les dettes financières. Si le taux d'intérêt est *r*, le montant des intérêts est *r*DF. Le profit qui appartient aux propriétaires (en général des actionnaires) est donc égal à EBE – $r$DF. La rentabilité financière s'écrit donc :

$$R_{fi} = (EBE - rDF)/FP.$$

La différence entre les rentabilités économique et financière va donc dépendre à la fois de la différence entre le taux d'intérêt et $R_{éco}$, et du poids de l'endettement par rapport aux fonds propres.

**L'effet de levier de l'endettement**

Soient les deux entreprises Nathier et Hatan dont les caractéristiques sont celles du tableau 3.

Les deux sociétés ont le même taux de marge (35 %) mais la rentabilité économique de Nathier est supérieure à celle de Hatan car la « productivité apparente du capital » VA/K de la première (2 000/6 250 = 0,32) est supérieure à celle de Hatan (1 000/3 500 = 0,286).

Où vaut-il mieux être actionnaire ? Autrement dit, quelle société rémunère le mieux les actions ? Tout dépend du taux d'intérêt.

Imaginons tout d'abord que le taux d'intérêt soit de 8 %. Incontestablement, la rentabilité financière de Hatan (22 %) est préférable à celle de Nathier (19,4 %). Pourquoi les hiérarchies des rentabilités économiques et financières sont-elles opposées ?

Chaque euro emprunté par Hatan lui a rapporté 2 centimes (10 centimes de rentabilité économique moins 8 centimes de frais financiers) ; chez Nathier, chaque euro emprunté a rapporté 3,2 centimes (11,2 – 8). Il y a donc chez Nathier une différence plus nette entre la rentabilité économique et le taux d'intérêt. Le « bras du levier », c'est-à-dire la différence entre la rentabilité économique et le taux d'intérêt, est plus élevé chez Nathier que chez Hatan : 3,2 % contre 2 %.

Mais alors que 1 euro de fonds propres s'accompagne de 2,57 euros d'endettement chez Nathier, chez Hatan ce sont 6 euros qui sont empruntés pour chaque euro de fonds propres. Ce qu'on a l'habitude d'appeler le ratio du levier, c'est-à-dire le poids de l'endettement par rapport aux fonds propres, est donc plus élevé chez Hatan.

Grâce au levier de l'endettement, 1 euro de fonds propres va bénéficier d'une rentabilité supplémentaire de 6 fois 2 centimes chez Hatan (soit 12 centimes), alors que chez Nathier l'effet ne sera que de 2,57 fois 3,2 centimes (soit 8,224 centimes).

Dans ces conditions, la rentabilité financière de 1 euro de fonds propres de Nathier sera de 11,2 centimes (rentabilité économique) plus 8,24 centimes (effet de levier de l'endettement), soit un total de 19,4 centimes, correspondant bien au taux de rentabilité financière précédemment calculé de 19,4 %. La meilleure rentabilité financière de Hatan s'explique ainsi facilement. Sa rentabilité économique n'est que de 10 % mais chaque euro de fonds propres ne rapporte pas seulement 10 centimes (rentabilité économique) mais aussi 12 centimes (effet de levier de l'endettement) ; d'où une rentabilité financière de 22 %.

Évidemment, les résultats sont opposés si le taux d'intérêt est supérieur à la rentabilité économique, par exemple 12 % (*cf.* tableau 3, résumé dans le tableau 4). Hatan perd alors 2 centimes par euro emprunté (cet euro lui rapporte 10 % mais lui coûte 12 %). Pour chaque euro de fonds propres, Hatan gagne 10 centimes de rentabilité économique mais perd 6 fois 2 centimes à cause de l'endettement. D'où une rentabilité financière de moins 2 %.

Tableau 3. **Rentabilité économique et rentabilité financière**
(en millions de francs)

| | Hatan | Nathier |
|---|---|---|
| Valeur ajoutée | 1 000 | 2 000 |
| EBE (1) | 350 | 700 |
| Actifs non financiers : K (2) | 3 500 | 6 250 |
| Fonds propres : FP (3) | 500 | 1 750 |
| Dettes financières : DF | 3 000 | 4 500 |
| Rentabilité économique : (1)/(2) | 10 % | 11,2 % |
| 1. Taux d'intérêt *r* = 8 % | | |
| Frais financiers : *r*DF | 240 | 360 |
| EBE – *r*DF (4) | 110 | 340 |
| Rentabilité financière : (4)/(3) | 22 % | 19,4 % |
| 2. Taux d'intérêt *r* = 12 % | | |
| Frais financiers *r*DF | 360 | 540 |
| EBE – *r*DF (5) | – 10 | 160 |
| Rentabilité financière : (5)/(3) | – 2 % | 9,1 % |

La situation est totalement différente pour Nathier qui ne perd que 0,8 centime par euro emprunté (11,2 – 12) et qui n'a emprunté que 2,57 fois ses fonds propres. Chaque euro de fonds propres lui rapporte 11,2 centimes (rentabilité économique) et lui fait perdre 2,1 centimes (2,57 fois 0,8 centime). D'où une rentabilité financière de 9,1 %.

**Aubaine ou risque ?**

*Résumons* : la rentabilité financière diffère de la rentabilité économique parce qu'une partie des fonds nécessaires à l'entreprise est empruntée. La rentabilité financière est supérieure à la rentabilité économique lorsque le taux d'intérêt est plus faible que cette dernière (bras du levier positif). L'ampleur de la différence est proportionnelle à l'effet de levier de l'endettement sur la rentabilité.

L'effet de levier peut être une aubaine si le « bras du levier » est positif, car il permet alors à la rentabilité financière d'être supérieure à la rentabilité économique. On peut noter à cet égard que l'exploitation systématique de l'effet de levier constitue l'objectif essentiel de l'activité bancaire : la banque dispose de peu de fonds propres par rapport aux liquidités qu'elle collecte (la banque, c'est « l'argent des autres ») et peut donc disposer d'un ratio de levier particulièrement élevé.

Mais l'effet de levier est aussi un risque. Car il est difficile de prévoir le taux d'intérêt et la rentabilité économique peut baisser pour des raisons difficiles à anticiper. Alors, l'inversion du bras du levier fait passer la rentabilité financière sous la rentabilité économique (cas de Nathier) et peut même la rendre négative (cas de Hatan).

La *profitabilité* : les conséquences des analyses précédentes sont importantes pour la compréhension de la décision d'investir. Pour accepter d'investir dans un projet (ou dans une entreprise), il faut que la rentabilité financière prévisible soit supérieure à ce que rapporterait un simple placement, c'est-à-dire le taux d'intérêt réel. On a pris l'habitude d'appeler profitabilité cette différence entre la rentabilité financière et le taux d'intérêt réel. Il n'y aura de décision d'investissement que si la profitabilité atteint un certain seuil. Compte tenu des incertitudes inhérentes à tout projet d'investissement et à l'évolution du taux d'intérêt réel (celui-ci n'est connu qu'après coup, lorsque l'inflation est constatée), les investisseurs exigeront des primes de risque plus ou moins élevées (une prime forte déprime l'incitation à investir).

Tableau 4. **L'effet de levier**

| | | |
|---|---|---|
| Ratio de levier : DF/FP (a) | 6 | 2,57 |
| Rentabilité économique (b) | 10 % | 11,2 % |
| 1. Taux d'intérêt $r$ = 8 % (c) | | |
| Bras du levier : $R_{éco} - r$ (d) = (b) – (c) | 2 % | 3,2 % |
| Effet de levier : (e) = (a) x (d) | 12 % | 8,2 % |
| Rentabilité financière (f) = (e) + (b) | 22 % | 19,4 % |
| 2. Taux d'intérêt $r$ = 12 % | | |
| Bras du levier : $R_{éco} - r$ | – 2 % | – 0,8 % |
| Effet de levier | – 12 % | – 2,1 % |
| Rentabilité financière | – 2 % | 9,1 % |

Il ne faut pas confondre l'influence du profit passé, que nous venons d'évoquer, et celle du profit futur attendu de l'investissement dont la maximisation est en tout état de cause l'objectif de l'entreprise.

*Le coût relatif des facteurs*

S'il est possible de faire varier les proportions dans lesquelles sont utilisés le capital et le travail pour réaliser une même production, alors l'investissement va dépendre du coût relatif de ces deux facteurs pour l'entreprise. Mais une hausse des salaires a des effets ambigus sur l'investissement. *Au niveau microéconomique*, elle augmente les coûts de l'entreprise, donc fait baisser son profit. Comme certains projets d'investissement ne sont plus rentables avec les salaires augmentés, l'entreprise doit réduire le niveau de l'investissement.

Simultanément, la hausse des salaires peut inciter l'entreprise à réaliser des investissements de productivité pour utiliser moins de travail (facteur de production dont le prix s'est élevé). Autre

Graphique 3. **Taux d'autofinancement et d'endettement brut des SNF**

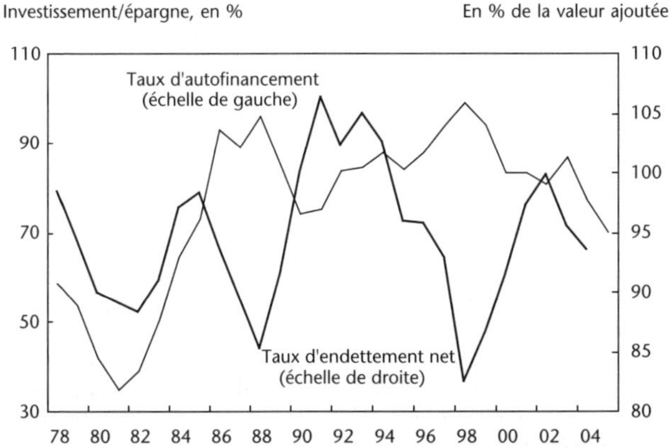


*Sources* : Insee, comptes nationaux ; OFCE, *L'Économie française 2007*, La Découverte, « Repères », Paris, 2006, p. 73.

façon de dire la même chose : la hausse des salaires fait baisser le prix relatif du capital et incite donc à mettre en œuvre des techniques plus capitalistiques, c'est-à-dire qui utilisent plus de capital par travailleur (d'où surcroît d'investissement de productivité).

*Au niveau macroéconomique,* contrairement à ce qui se produit au niveau microéconomique, il n'est pas certain que la masse des profits des entreprises diminue, car la hausse des salaires augmente les débouchés donc les ventes. Cette hausse globale de la demande peut même favoriser l'investissement de capacité.

On le devine, la *baisse des salaires* peut présenter des avantages au niveau microéconomique. Si elle n'a lieu que dans une entreprise, elle lui permet de baisser ses coûts, donc d'augmenter sa part de marché, ce qui requiert une hausse des investissements de capacité.

Au niveau macroéconomique, la situation est moins rose. La baisse des salaires fait régresser les débouchés des entreprises ; les investissements de capacité doivent dès lors diminuer ; les investissements de productivité également : si le travail coûte moins cher, pourquoi serait-il intéressant d'investir pour l'économiser ? La baisse du prix relatif du travail n'incite pas aux investissements de productivité.

On vient de le voir, ce n'est pas la même chose de raisonner au niveau microéconomique (on raisonne sur une entreprise toutes choses égales par ailleurs) et dans une logique macroéconomique (dans ce cas, il faut imaginer les interactions entre les effets des décisions des agents économiques).

*Débouchés, taux d'intérêt, profit : quelle hiérarchie ?*

Parmi tous ces déterminants, quels sont les plus décisifs ? Les résultats des études empiriques publiées notamment par l'Insee au début du XXIe siècle montrent que l'évolution globale de l'investissement est expliquée principalement par l'accélérateur et le taux de profit. Le profit a une influence dans la mesure où un certain rationnement du crédit fait de l'autofinancement (c'est-à-dire du *profit conservé* par l'entreprise) la source privilégiée du financement de l'investissement. Cette situation de marché financier imparfait est sans doute assez fréquente : l'emprunteur en sait plus sur lui-même que son prêteur... Les autres variables supposées pertinentes par la théorie (taux d'intérêt...) n'ont pas de pouvoir explicatif empiriquement détectable (on peut évidemment soutenir que ce n'est pas parce que ces effets ne sont pas encore détectables avec les techniques disponibles qu'ils n'existent pas, mais l'enjeu concret de cette affirmation semble faible). Reste que le rôle de l'accélérateur dans l'évolution de l'investissement renforce l'idée finalement assez banale selon laquelle les débouchés jouent un rôle décisif dans la décision d'investir. Sans eux, effectivement, pourquoi investir ?

## Le rôle des anticipations et l'incertitude

On a vu que l'influence de la demande (les débouchés) sur l'investissement est essentielle. Or la mise en œuvre de l'investissement prend du temps (jusqu'à plusieurs années) et la durée de vie des biens d'équipement est longue (souvent plus de dix ans) ; autrement dit, l'investissement décidé aujourd'hui n'aura pas d'effets immédiats sur les capacités de production, mais il les aura pendant une longue période. *La décision d'investir ne peut donc reposer que sur une prévision, une anticipation, de la demande future qui reste par nature incertaine.*

John Maynard Keynes (1883-1946) a particulièrement insisté sur cet aspect de la décision d'investir. Il s'écarte à cet égard fortement des conceptions néoclassiques qui ignorent l'incertain et se contentent du probabilisable. Dans un article de 1937 (« La théorie générale de l'emploi ») où il expose les « idées fondamentales et relativement simples » qui sous-tendent son principal livre (*Théorie générale de l'emploi, de l'intérêt et de la monnaie*, publié en 1936), Keynes explique : « Par connaissance "incertaine", je n'entends pas simplement distinguer ce que l'on considère comme certain de ce qui est seulement probable. Le jeu de la roulette n'est pas, en ce sens, sujet à l'incertitude [...]. De la même façon, l'espérance de vie est seulement un peu incertaine. Même le temps qu'il fera n'est que modérément incertain. Le sens que je donne à ce terme est celui qu'il prend lorsque l'on juge incertains la perspective d'une guerre européenne, le niveau du prix du cuivre ou du taux d'intérêt dans vingt ans, la date d'obsolescence d'une invention récente ou la place des classes possédantes dans la société des années 1970. Il n'existe pour toutes ces questions aucun fondement scientifique sur lequel construire le moindre calcul probabiliste. Tout simplement : nous ne savons pas. »

L'incertitude liée à l'investissement est redoutable. Car il ne s'agit pas seulement de prévoir la demande future ; il faut prévoir comment les concurrents prévoient et quelles seront leurs réactions. Dans ces conditions, les anticipations correspondent à des opinions, voire à des croyances ; elles peuvent se modifier brutalement, ce qui risque d'accentuer le phénomène d'accélération présenté dans la deuxième partie de ce texte.

### *Comme un hit-parade*

La situation économique d'aujourd'hui résulte des anticipations sur l'avenir formées par l'ensemble des entrepreneurs (s'ils croient à une croissance de leurs débouchés, ils investissent, ce qui dynamise l'économie). Mais chaque entrepreneur anticipe et agit seul, sans concertation avec l'ensemble des autres entrepreneurs (l'économie de marché est décentralisée). Or l'avenir dépend lui-même des décisions prises aujourd'hui par l'ensemble des entrepreneurs. Autrement dit, le présent dépend des croyances sur le futur, mais le futur sera le produit des décisions présentes.

Dans ces conditions, s'il veut investir à bon escient, l'entrepreneur doit non pas deviner l'avenir, mais ce que croient les autres entrepreneurs sur cet avenir. Plus précisément, il doit deviner ce que les autres entrepreneurs croient sur ce que croient les autres entrepreneurs, etc. Le processus de formation de l'opinion sur l'avenir est alors tout à fait comparable à ces hit-parades dans lesquels les auditeurs n'ont pas à exprimer de préférences individuelles sur des titres mais doivent essayer de deviner ce que l'ensemble des auditeurs préférera, ce qui revient à essayer de prévoir ce que les autres pensent sur ce que pensent les autres. S'il en est ainsi, l'économie dans son ensemble peut se révéler encore plus instable que ne le laissait supposer l'accélérateur. Le cadre d'analyse de l'investissement doit alors s'élargir : vers la finance par exemple, ou l'étude du mode de formation des anticipations.

**Repères bibliographiques**

COMBEMALE P., *Introduction à Keynes*, La Découverte, « Repères », Paris, 2006, 3e éd.

OFCE, *L'Économie française 2007*, La Découverte, « Repères », Paris, 2006. Chaque année, une nouvelle édition permet de suivre l'évolution de la croissance, de l'investissement et de la politique économique en France et en Europe.

VILLIEU P., *Macroéconomie : l'investissement*, La Découverte, « Repères », Paris, 2007, nouv. éd.

# III / Le monde du travail : rationalisation et conflits

*Bernard Gazier**

Machinisme, taylorisme, fordisme : ces trois termes célèbres résument les transformations colossales qui ont affecté le monde du travail durant l'ère industrielle (1800-1970). Elles ont façonné la société que nous connaissons au début du XXIe siècle, qui reste dominée par les grandes entreprises et la production de masse. Depuis les années 1980, d'autres transformations majeures sont intervenues : la domination des activités de service s'est accentuée, le rôle sans cesse accru de la recherche et de l'innovation permet de parler de « société fondée sur la connaissance » cependant que l'interconnexion des marchés financiers et des marchés des produits s'est généralisée, c'est ce que l'on appelle la « mondialisation ». L'analyse économique de ces processus explicite ces termes et s'appuie en partie sur eux, mais elle privilégie un point de vue plus général, celui de l'organisation du travail et de sa rationalisation. Elle montre la diversité des situations rencontrées et gérées par les travailleurs, qui ont donné lieu à des conflits et des stratégies complexes au cours de ces périodes et ont créé un monde du travail inégalitaire et hiérarchisé.

---

* Bernard Gazier est professeur de sciences économiques à l'université Paris-I et chercheur au CES-MATISSE (université Paris-I et CNRS).

## La rationalisation du travail

### *Division et coordination du travail*

Le capitalisme, depuis ses débuts, a été un gigantesque laboratoire d'expérimentation du travail en groupe, pour le meilleur (intelligence et créativité du travail en commun) comme pour le pire (routine et dépendance). Entrepreneurs et ingénieurs ont sans cesse tenté de faire travailler des groupes d'opérateurs de la manière la plus rapide et efficace possible. Il en résulte différentes techniques d'organisation du travail (*cf.* encadré 2).

Ces dispositifs, il est vrai essentiels, concernent les seuls opérateurs de base. Les entreprises sont formées de différents types de travailleurs, et il faut parvenir à une vue d'ensemble de leurs choix d'organisation du travail.

Tout tourne autour d'une seule idée, faussement simple : celle de la *division du travail.*

Le point de départ est l'Anglais Adam Smith et son ouvrage fondateur de l'économie politique, *La Richesse des nations* (1776). Dans son exemple célèbre de la manufacture d'épingles, Smith montre qu'en spécialisant plusieurs travailleurs dans des étapes différentes de fabrication d'épingles et en les faisant travailler séparément, on peut multiplier massivement la production d'une journée : de quelques unités à plusieurs milliers. L'important ici est de bien remarquer qu'il ne s'agit pas de machinisme ou de progrès technique, mais bien de choix d'organisation. Les outils des travailleurs spécialisés dans une opération ne sont pas plus perfectionnés que ceux auxquels aurait recours le travailleur unique se chargeant de toutes les opérations ! Bien sûr, ces machines ont pu être perfectionnées par la suite ; mais ce n'est pas l'argument de Smith, qui repose sur les possibilités d'accélérer les gestes et de s'y habituer. Après avoir formulé cette découverte considérable, Smith s'est intéressé à bien autre chose : essentiellement à la coordination, par le système du marché, d'individus isolés (la célèbre « main invisible »). On trouve ensuite deux auteurs qui ont écrit vers 1900 : le Français Henri Fayol et l'Américain Frédéric Taylor. Le taylorisme est tellement connu, important et discuté qu'il désigne simultanément un principe, un âge du capitalisme et une doctrine sociale (*cf.* encadré 3). Taylor, ingénieur (il a étudié de près la découpe des métaux), a voulu pousser la division du travail, en distinguant et en rationalisant chacune des tâches ou des fonctions

### Encadré 1. 1800-2000 : métamorphoses du travail

Vers 1800, 80 % de la population occidentale vivait à la campagne ; la plupart des personnes en âge de travailler étaient des artisans et surtout des paysans. La vie était rythmée par les saisons, et le travail était dur, effectué manuellement, mais aussi varié (il fallait entretenir ou réparer les outils, soigner le bétail, récolter, conserver viandes et salaisons) et interrompu durant des jours de fête et des périodes d'inactivité forcée (hivers passés au coin du feu). Même si des perfectionnements étaient peu à peu introduits, l'essentiel des tâches n'était pas mécanisé ou accompli avec l'aide de chevaux (labourage), et le métier de paysan s'apprenait au contact de la terre et dans le respect des traditions. Si l'on se penche avec un regard d'économiste sur ces travaux, on remarque qu'ils supposent le plus souvent l'autonomie du travailleur : c'est lui ou elle qui décide ce qu'il ou elle fera de sa journée, et aussi la complémentarité des membres de la famille : les rôles de l'homme et de la femme sont le plus souvent distincts, mais ils peuvent travailler ensemble (par exemple, l'homme contrôle la charrue pendant que la femme guide l'attelage), voire faire la même chose en cas de nécessité. Une double solidarité fonctionne, celle de la famille et celle du voisinage (par exemple, vendange en commun).

À ce tableau bien connu s'oppose presque terme à terme le travail de 80 % des Français d'aujourd'hui. C'est un travail salarié, urbain, dont les tâches peuvent être répétitives et sont prescrites par l'employeur. Beaucoup de ces tâches sont intellectuelles, et toutes demandent l'utilisation de documents écrits. Le rythme annuel est celui des vacances légales, il y a beaucoup moins de jours fériés et les horaires sont réguliers et impératifs. La complémentarité familiale a disparu, c'est avec d'autres salariés que le travailleur doit se coordonner. De plus en plus de métiers sont pratiqués indifféremment par des hommes ou des femmes, même si bien des filières sont réservées (ségrégation) à l'un ou l'autre sexe. Avec les transformations des équipements, qui peuvent être énormes (dans une raffinerie, un aéroport...), les activités peuvent changer du tout au tout en quelques années, ce qui impose des formations nouvelles, des adaptations, des recyclages. Et, s'il n'y a pas de travail, c'est le chômage.

dans l'entreprise. Une conséquence paradoxale est que, pour Taylor, un ouvrier doit avoir autant de chefs, spécialisés, que l'on peut distinguer de fonctions différentes impliquées par son travail : un pour son rythme de fabrication, un pour ses outils, un pour ses affectations... C'est la voie opposée qu'explore Fayol. Ingénieur comme Taylor, il a pu constater lors d'une urgence tragique (un accident au fond d'une mine) à quelles incohérences conduit l'absence d'un responsable clairement désigné. Dans son œuvre, il insiste avant tout sur un principe : l'unicité du commandement. Si des fonctions doivent bien évidemment être distinguées, on ne peut éviter d'introduire un pôle d'autorité, quitte à déléguer les tâches qui n'engagent pas la cohésion de l'entreprise. Beaucoup plus près de nous, enfin, le Canadien Henry Mintzberg (1982), en adoptant le point de vue systématique de l'organisation, a pu faire la synthèse. Il rassemble ses trois prédécesseurs en notant que si l'on a divisé le travail (c'est Smith et Taylor), alors il faut le coordonner (et c'est Fayol), et surtout en montrant qu'il existe au moins cinq manières, toutes actuelles, de diviser/coordonner le travail (*cf.* encadré 4).

Selon cette synthèse, qui insiste sur la coopération des acteurs et ne s'intéresse guère à leurs conflits, il serait absurde de prévoir ou souhaiter la disparition de la standardisation des procédés. Son champ d'application reste immense, et pas seulement dans les pays à bas salaires. Le défi est d'en maîtriser les conséquences.

*Tendances actuelles de la rationalisation du travail*

Les tendances actuelles en matière d'organisation du travail vont d'abord vers la décentralisation et l'attribution d'une autonomie grandissante aux travailleurs. Celles-ci répondent aux exigences de qualité et de diversité des productions, qui se sont renforcées depuis les années 1980. En caricaturant, on a pu caractériser la situation actuelle par le passage de la civilisation de la « peine » à celle de la « panne ». Autrefois, des travailleurs dont on sollicitait surtout la force physique, aujourd'hui, des opérateurs surveillant des machines parfois chères et sophistiquées, dont on sollicite l'effort nerveux et la réactivité. Le coût d'une panne, d'une interruption de la production, pouvant être très élevé, il est essentiel que les travailleurs en charge d'une machine puissent prendre le maximum d'initiatives par eux-mêmes sans en référer à lahiérarchie. Plus généralement, le travail tend à s'organiser par projets donnant lieu à la constitution de groupes de projets. Pour une période donnée, un ensemble de travailleurs se voit attribuer la réalisation d'une production, et chacun est réorienté vers d'autres projets une fois la tâche réalisée. Dans les termes d'Henry Mintzberg, les coordinations par les résultats et les « adhocraties » (organisations rassemblant des travailleurs aux compétences très diverses et combinant l'ajustement mutuel et la standardisation des qualifications, par exemple pour réaliser un film ou un prototype de voiture) prennent une place grandissante.

## Encadré 2. Techniques de travail collectif : quelques définitions

*Travail à la chaîne* : le support du travail défilant à un rythme régulier, les travailleurs espacés les uns des autres et en position fixe effectuent une courte série de tâches dans un ordre et un temps imposés, et recommencent tant que la chaîne est en mouvement. S'ils prennent du retard, ils doivent accompagner le mouvement général de la chaîne puis retrouver leur place en accélérant leur cadence. Ce type de travail a toujours été minoritaire : au maximum 3 % des salariés en France, durant les années 1970. Il est toutefois loin d'avoir disparu, puisqu'il concernait 10 % des ouvriers en 1998, et 11 % en 2005 (cette catégorie socioprofessionnelle a des effectifs en baisse, les ouvriers représentaient 37,3 % de la population active en 1975, 27 % en 1999 et 23,9 % en 2005).

*Travail en groupes semi-autonomes* : un groupe de travailleurs préalablement constitué se voit affecter une mission globale définie dans un temps imparti, et répartit les tâches, les affectations, voire les horaires, sous l'autorité d'un ou plusieurs chefs de groupe ou contremaître. Par exemple, réaliser le montage d'une automobile à partir du moteur et des pièces de la carrosserie.

*Travail en* pool : il regroupe de nombreuses personnes effectuant des tâches semblables dans un seul local. On peut ainsi rassembler des secrétaires. Les centres d'appels en sont un bon exemple.

*Travail en équipes alternantes (ou encore travail posté)* : ce sont les célèbres 2 × 8 ou 3 × 8. De manière à utiliser au maximum les équipements, l'entreprise fait venir successivement plusieurs groupes de travailleurs sur les mêmes machines. Les 2 × 8 élargissent simplement le travail de jour (de 6 heures du matin à 14 heures et de 14 heures à 22 heures par exemple). Les 3 × 8 prévoient une équipe de nuit, ce qui est très éprouvant, voire dangereux, pour les travailleurs et reste réglementé. Deux possibilités existent : soit ce sont toujours les mêmes travailleurs, et ils bénéficient de primes, soit les travailleurs appartiennent successivement à l'équipe du matin, du soir et de nuit. De toute manière, cela perturbe leur rythme de vie, leurs périodes de sommeil et de récupération, et leur vie familiale et sociale. Ce type de travail concerne depuis les années 1990 près de 9 % des salariés. Le travail en 2 × 8 continue à progresser pour les ouvrières, passant de 16 % en 1998 à 19 % en 2005.

*Travail en flux tendus ou « juste-à-temps »* : la fabrication ne commence que lorsqu'une commande est traitée, et il n'y a pas de stocks, ni en cours de production ni à l'arrivée. Le produit arrivé à un stade intermédiaire passe sans délai d'une opération à une autre et est immédiatement livré. On peut produire ainsi des biens électroménagers (télévisions, cuisinières). Cette organisation réduit ainsi les frais (stocker des produits coûte cher, non seulement en place perdue mais aussi en frais financiers, parce que c'est de la marchandise non vendue). En revanche, elle est vulnérable, la moindre panne arrête l'ensemble du processus de production.

## Encadré 3. Le taylorisme, entre mythe et réalité

Le taylorisme est fondamentalement la doctrine de F. W. Taylor, un ensemble de principes de gestion du travail, ce que l'on a appelé au début du XXe siècle l'organisation scientifique du travail (OST). Loin de s'appliquer à toutes les situations, celle-ci devait répondre aux défis posés par des productions diversifiées en petite et moyenne série, les travailleurs étant mis sur des postes fixes le long d'une ligne non mécanisée. Un service spécialisé, dirigé par un ingénieur et travaillant avec les salariés les plus performants, analyse et chronomètre les tâches de production. Il en découle l'attribution d'un temps « normal » d'exécution. Le salaire, payé à la tâche, est augmenté de 30 à 100 % si la procédure et le temps alloué sont respectés, voire améliorés. Par là, on lutte contre les temps morts, qu'ils découlent d'une mauvaise organisation ou de la tendance spontanée des travailleurs à choisir leur propre rythme, ce que Taylor appelait la « flânerie ouvrière ».

En approfondissant cette définition, on trouve la combinaison de deux options : le chronométrage des tâches et la recherche d'un compromis social, à travers un système de rémunération récompensant les travailleurs les plus rapides. Il y a ici l'idée que les ouvriers et les patrons peuvent avoir des intérêts communs. Une dernière caractéristique du taylorisme est la croyance que le processus de rationalisation du travail n'admet qu'une voie optimale : le *one best way*.

Par la suite, et abusivement, le mot « taylorisme » a désigné une organisation du travail reposant sur la séparation absolue entre conception et exécution du travail et poussant à son comble la décomposition des tâches en sous-tâches, puis en actes, voire gestes, élémentaires. Or la séparation de la conception et de l'exécution du travail est apparue vers 1750, alors que le travail répétitif et parcellisé est une conséquence du travail à la chaîne semi-automatique, apparue bien après Taylor.

Plus abusivement encore, le taylorisme désigne un âge du capitalisme : celui du travail à la chaîne (en gros de 1920 à 1970 pour les pays développés). Dans certaines grandes entreprises, qui sont restées minoritaires, l'instauration du travail à la chaîne a permis de recruter et de mettre au travail des ouvriers peu ou pas qualifiés, et de les astreindre à des tâches répétitives sans avoir à les former. C'est l'ère de l'OS, l'ouvrier spécialisé qui porte si mal son nom puisque précisément il n'est spécialisé en rien ! Si les patrons ont obtenu par là une main-d'œuvre à bas prix, les contreparties sont catastrophiques : les salariés travaillent de manière monotone, dans la dépendance la plus totale, sans aucune prise sur leur rythme et sans la moindre perspective de carrière. Et l'entreprise peut subir de très forts taux d'absentéisme et de *turn-over*. Or le travail à la chaîne a toujours été minoritaire (*cf.* encadré 2), alors que d'autres formes de travail répétitif ont été instaurées, notamment dans le tertiaire, par exemple le travail en *pool* ou le tri postal manuel.

Le taylorisme est ainsi à la fois un (et même plusieurs) mythe(s) et une réalité. Il a fini par désigner à lui tout seul les conflits et les contradictions du travail moderne : ces problèmes énormes sont sans doute dénoncés, mais aussi mal analysés, par le recours abusif à ce terme.

Il en découle deux conséquences partiellement contradictoires. D'un côté, on valorise les initiatives individuelles et on rémunère les performances individuelles, ce qui conduit par exemple à cesser de rétribuer les salariés selon leur ancienneté ou à minimiser l'importance de ce critère dans l'établissement de leur salaire. D'un autre côté, l'engagement dans le collectif de travail demeure valorisé, tout comme la loyauté et l'implication collective. Une manière de résoudre ce conflit est de promouvoir délibérément une « culture d'entreprise ». Ce que l'on appelait autrefois l'« esprit de corps », qui naissait plus ou moins spontanément du travail réalisé en commun, devient aujourd'hui une « charte d'entreprise » valorisant certaines qualités ou certains comportements, et en proscrivant d'autres. Des documents écrits détaillent l'ambition et les valeurs de l'entreprise, auxquelles les salariés sont invités à participer. Plus que des tentatives d'embrigadement des salariés, qui auraient peu de chances d'aboutir, ces « chartes » fixent les règles du jeu et cherchent à promouvoir une coopération entre les salariés.

La rationalisation du travail a surtout été étudiée dans les grandes industries, ce qui n'a pas empêché ses manifestations d'apparaître aussi dans les services et notamment au sein des grandes bureaucraties. Un exemple parlant est celui de l'assurance automobile. Tant que les automobilistes étaient peu nombreux, et fortunés, l'assurance d'un véhicule s'est faite par un contrat « sur mesure », négocié avec chaque propriétaire. Dès lors que l'automobile s'est répandue et que l'assurance est devenue obligatoire, un document type a été établi pour ce service de masse, et l'employé se borne à enregistrer les indications nécessaires dans un programme informatique. On reconnaît là les avantages de la standardisation.

Les services correspondant aujourd'hui à plus de 70 % des emplois, il est utile de se demander si ce secteur obéit à des tendances spécifiques. Jean Gadrey a opposé deux processus de rationalisation qui affectent les services : la « rationalisation industrielle » et la « rationalisation professionnelle ». La première repose précisément sur la standardisation, sur la spécialisation, et tente de contrôler les moyens et les procédés. Il en découle des services plutôt impersonnels, figurant dans des nomenclatures. Cette industrialisation du tertiaire, si l'on peut dire, est élaborée par un groupe d'experts séparés, une « technostructure », qui établit une ligne de produits et tente de mécaniser voire d'automatiser la production. Un exemple d'une telle rationalisation est donné par certains services bancaires. Dans les années 1970, pour retirer de l'argent, le titulaire d'un compte devait présenter sa demande au guichet d'accueil d'une agence et faire un chèque que l'employé encaissait avant de lui remettre l'argent liquide. Désormais, des distributeurs automatiques de billets de banque ont pris la place des employés au guichet. On remarque que le client lui-même effectue seul les opérations nécessaires. En quelque sorte, c'est lui qui travaille et non plus l'employé de banque.

Mais il reste des employés de banque dans les agences, qui sont là pour répondre à des demandes plus complexes, comme l'établissement d'un dossier de prêt. Ce qui conduit à la seconde rationalisation, la « rationalisation professionnelle ». Elle repose sur la formalisation de procédures et de routines issues de l'expérience, et l'apprentissage se fait grâce à l'adaptation aux cas hors normes, qui peuvent être les plus nombreux. Les services peuvent alors être plus ou moins complexes et plus ou moins individualisés, ce qui signifie une évaluation par les résultats et non plus par les moyens. Les tâches sont établies par des professionnels expérimentés et par des groupes de projets, et il en découle une forte proximité entre la conception et l'exécution. Les machines sont alors plus des appuis à la décision et à la résolution de problèmes que des automates. Dans le cas d'un prêt bancaire, l'employé a recours à l'ordinateur pour simuler les remboursements selon les montants et les calendriers, et non pour obtenir la décision d'attribution d'un prêt.

Cette analyse retrouve ainsi des tendances qui se font jour au sein même du secteur industriel, vers davantage d'autonomie et d'initiative professionnelle. L'expression « rationalisation industrielle » doit être prise au sens de l'industrie traditionnelle. On doit remarquer pour finir que l'interdépendance entre l'industrie et les services est très étroite : il a bien fallu construire (industriellement) le distributeur automatique de billets de banque, et des travailleurs spécialisés assurent son entretien. Symétriquement, l'industrie n'a jamais pu fonctionner sans des secrétariats et des services de recherche et de vente. Ceux-ci peuvent être intégrés dans l'entreprise industrielle, c'est le cas traditionnel. Mais il est aussi possible de confier certains services à des entreprises sous-traitantes spécialisées, c'est alors un choix d'externalisation. Depuis les années 1980, les entreprises industrielles ont été nombreuses à « externaliser » une partie plus ou moins vaste de leur activité : bureaux d'études, de conception, réseaux de distribution, et même parfois services de recrutement et d'établissement des fiches de paie.

Ce processus d'externalisation se complète depuis les années 1990 par des politiques de délocalisation. Le choix de l'entreprise est alors de faire réaliser tout ou partie de sa production à l'étranger, dans des pays disposant de main-d'œuvre compétente et peu coûteuse. C'est le cas notamment des nouveaux géants que sont la Chine et l'Inde, c'est le cas aussi des anciens pays socialistes depuis la chute du Mur de Berlin (1989) et l'effondrement du communisme. Un exemple célèbre et déjà ancien est celui du fabriquant de chaussures Nike, qui a choisi de faire produire ses chaussures en Extrême-Orient et n'a gardé en Occident que les activités de conception, de publicité et de distribution. On peut considérer que, en quelques années, le nombre de travailleurs qualifiés directement en concurrence les uns avec les autres a doublé dans le monde, ouvrant des perspectives pour une gamme de plus en plus large d'entreprises capables de s'internationaliser et de gérer un réseau de filiales à l'étranger. Ce qui ne concerne pas que les produits industriels, mais de plus en plus certains services. Un exemple frappant est constitué des « hotlines » qui permettent à l'utilisateur d'un ordinateur de recevoir une aide par téléphone. Votre ordinateur est en panne ? La personne compétente qui décroche et répond à votre demande peut fort bien être... au Maroc d'où elle assure ce service en direct. Il est ainsi possible de jouer sur différents sites et types de salariés pour reconfigurer la production en un réseau laissant une large autonomie aux unités locales. Autonomie mais aussi mise en concurrence éventuelle : si une usine de montage automobile est rentable en France mais davantage en Espagne ou plus encore en Slovaquie, le constructeur peut faire pression sur les salariés français et leur faire accepter des réorganisations radicales, voire des horaires plus longs. Toutefois, ce processus rencontre de nombreuses limites, et actuellement en Europe les suppressions d'emploi qui sont directement imputables à des délocalisations ne représentent qu'un très faible pourcentage (de l'ordre de 3 %). Il n'est pas possible pour de nombreux services ou productions (penser à un salon de coiffure, à une boulangerie, aux soins médicaux...). Il mène à une dilution des responsabilités initialement assurées par un seul employeur, ce qui peut être une source d'incohérence. Et il suppose une très forte capacité d'organisation et de contrôle du réseau ainsi formé, ainsi que

### Encadré 4. Les cinq modes de coordination du travail selon Henry Mintzberg

L'*ajustement direct* met en présence quelques opérateurs pour des tâches simples : par exemple, deux rameurs sur un petit bateau. Chacun observe l'autre et se règle sur lui.

La *supervision simple* intervient lorsque le nombre augmente. Il y a alors une personne qui commande, donne les instructions. Pour conserver l'exemple du bateau, lorsqu'il y a cinq rameurs, il y a souvent un barreur pour les coordonner. Les trois autres modes de coordination sont les trois manières de surmonter les inévitables conflits ou difficultés qui apparaissent entre un superviseur et ses supervisés : soit que le chef demande trop d'efforts, soit que la complexité des tâches rende impossible la coordination par une seule personne. Ce sont des standardisations, c'est-à-dire des règles du jeu posées préalablement.

La *standardisation des procédés* : on est alors proche du taylorisme (premier sens du terme). Les tâches sont précisées en détail, un rythme général d'exécution étant imposé à chacun.

La *standardisation des résultats* : demander à une équipe semi-autonome de monter en deux jours tant de voitures, ou encore demander à une filiale de produire ou de vendre tant de marchandises, de réaliser telle marge bénéficiaire.

La *standardisation des qualifications* : pour certaines tâches particulièrement complexes, ce sont des opérateurs longuement formés qui pourront aviser au mieux. Par exemple, un chirurgien et un anesthésiste qui ne se sont jamais rencontrés peuvent effectuer ensemble une opération, leur formation commune garantissant normalement qu'ils sauront se coordonner. La standardisation des qualifications, qui garantit des automatismes partagés, peut ainsi revenir à l'ajustement mutuel, mais en plus sophistiqué.

la capacité à comprendre et utiliser les particularités du pays d'accueil. Réunir ces conditions est coûteux pour les entreprises. Et l'externalisation elle aussi ne peut aboutir à la multiplication de petites unités instables qui seraient mises en concurrence de court terme les unes avec les autres. La diffusion qui reste faible du « télétravail » (effectuer son travail à domicile tout en étant relié par ordinateur avec son entreprise) illustre aussi ces limites. La poursuite de l'innovation tout comme l'obtention de gains de productivité réguliers sont largement conditionnées par l'usage stabilisé de groupes de salariés compétents qui se connaissent et ont l'habitude d'agir ensemble. Diverses évaluations économiques ont montré que pour être efficaces, en moyenne, les salariés doivent rester entre cinq et treize années dans la même organisation. C'est pourquoi l'on constate que les grandes firmes ont leur taille qui diminue mais restent organisées en réseaux, cependant que leurs sous-traitants eux-mêmes ont tendance à s'organiser en réseaux et à rechercher des engagements durables.

## Conflits et stratégies du travail

On peut définir le capitalisme comme une société fondée sur la mise en valeur du travail et, en ce sens, notre époque reste dominée par les bouleversements de l'ère industrielle, qui se sont fait sentir bien au-delà des portes des usines et des ateliers. Les entreprises ont littéralement façonné notre monde en structurant divers « marchés du travail », et les conflits qu'elles ont engendrés sont à l'origine d'institutions majeures, mais aussi d'un monde complexe et hiérarchisé.

### *De la fabrique à la société industrielle*

Rassembler de multiples travailleurs n'est pas apparu d'emblée comme la meilleure solution pour produire à grande échelle : les entreprises du début de l'ère industrielle, possédées par des marchands-fabricants, ont souvent eu recours à une forme particulière de sous-traitance, appelée le *putting out system* : les travailleurs effectuent leur travail à domicile, en famille, et des commis représentant le patron passent leur déposer les matières premières à transformer, puis prennent livraison des produits finis. Parfois, le patron loue même des machines aux ouvriers (et parfois il les oblige à se fournir à ses propres boutiques pour les aliments). Ce premier capitalisme a pu ainsi se développer à la campagne. Il a donné lieu à un processus d'exploitation particulièrement violent, les ouvriers restant isolés les uns des autres et donc étant à la merci du donneur d'ordre. Souvent, ces travailleurs faisaient travailler toute leur famille avec des horaires invraisemblables pour terminer dans les temps une commande.

Ensuite est apparue la manufacture dans laquelle on a concentré les salariés, puis l'usine autour d'une source d'énergie (charbon, vapeur). C'est avec l'usine qu'apparaît le machinisme. Bouleversement des modes d'utilisation du travail : on fait travailler séparément les hommes et les femmes (voire les enfants), et les familles sont déstabilisées par cette nouveauté qui empêche l'éducation des enfants. Les horaires sont extrêmement longs (parfois 14 heures par jour) et la lutte pour une journée de travail normale (de 8 heures) a été un des premiers combats du mouvement ouvrier. En France, une loi de 1906 accorde un

### Encadré 5. L'opposition Le Creusot-Billancourt entre 1900 et 1914

Clairement mise en évidence par Jacques Freyssinet en 1982, l'opposition est radicale en France au début du siècle entre le traitement que les usines Schneider réservent à leur main-d'œuvre et l'attitude de Renault. Les deux entreprises industrielles sont des mastodontes pour l'époque : Schneider compte 14 000 salariés en 1900, et emploie 80 % de la population active du Creusot ; Renault, fondé plus tardivement en 1898, compte 5 000 salariés en 1914.

D'un côté, au sein d'une « ville à la campagne » créée autour des activités sidérurgiques, se déploie, dans toute sa cohérence, une logique paternaliste allant jusqu'au patronage, avec la prise en charge de l'essentiel des besoins des salariés et de leurs enfants : le logement, *via* des lotissements, le contrôle de la qualité des bâtiments, une aide à la construction ; l'enseignement, avec 1 200 élèves en 1914 dans les écoles dépendantes de l'entreprise, dont les niveaux vont de la scolarisation initiale à la formation d'ingénieurs maison ; la santé et la protection sociale, avec un établissement de soins gratuits, une maison de retraite, l'ensemble étant financé pour partie par des prélèvements sur les salaires et pour partie par l'entreprise ; les loisirs aussi, avec des associations.

Si beaucoup de ces dispositions frappent par leur modernisme, elles sont alors solidaires d'une position hégémonique, voire envahissante de la famille Schneider, dont la ville entière du Creusot dépend ; elle contrôle la municipalité et, entre uniformes et pressions antisyndicales, la fusion de l'usine et de la société se fait sous le signe de l'autoritarisme. Ajoutons, pour compléter le tableau, que les salaires sont plutôt bas, l'ensemble des avantages en nature et de la sécurité de l'emploi compensant leur faible niveau.

Radicalement différente est la situation à Billancourt : il s'agit désormais du bassin d'emploi parisien, et Renault se contente de puiser dans ce vaste vivier les ouvriers de métier dont a besoin la fabrication automobile à ses débuts : des serruriers, des menuisiers, des chaudronniers. Pour attirer cette main-d'œuvre turbulente et plutôt qualifiée, les salaires sont supérieurs à ceux pratiqués par le marché : en 1911, ils sont à 10 % au-dessus de ceux des ouvriers métallurgistes, eux-mêmes deux fois supérieurs au salaire moyen des ouvriers de l'industrie. L'embauche est rapide : il suffit de se présenter le matin, et la décision est

repos hebdomadaire, et la journée de 8 heures a été instaurée par la loi en 1919. La semaine de 40 heures a été l'une des principales mesures du Front populaire en 1936.

On doit distinguer au moins deux manières de s'alimenter en main-d'œuvre, dont les conséquences économiques et sociales sont très différentes. D'un côté, l'entreprise peut se contenter d'acheter, en quelque sorte, le travail dont elle a besoin, au meilleur prix. Si les salariés nécessaires sont peu qualifiés, abondants et disponibles, le prix peut être très bas. C'est le cas notamment de l'industrie textile, recrutant des ouvrières peu qualifiées. S'il prise par le contremaître après une journée d'essai. Mais la mise à pied est encore plus expéditive : on peut « remercier sans indemnité » en prévenant une heure à l'avance... En cas de conflits ou de baisse d'activité, la direction procède à des licenciements massifs, par exemple en mars 1913, où 436 ouvriers sont mis à pied. Il n'y a pas d'œuvres sociales.

Ce qui deviendra l'usine phare du prolétariat est à l'époque son exact opposé : un établissement privé se bornant à attirer au jour le jour les collaborations dont il a besoin. Deux enseignements peuvent être retirés de ces faits bien établis. Tout d'abord, l'opposition entre les deux gestions des salariés s'alimente à et se justifie par la différence des marchés du travail de Paris et du Creusot. D'un côté (Paris), la main-d'œuvre est là, en quantité et en qualité, et il suffit de l'attirer. De l'autre (Le Creusot), il faut faire venir des campagnes environnantes des travailleurs qu'il reste encore à former : on conçoit qu'il soit hautement souhaitable de les retenir sur le site. Cette dépendance vis-à-vis des contraintes ou des choix découlant de la localisation est typique d'une primauté de la « contingence » (le hasard ou les particularités d'un état de fait). En même temps, elle montre que, en matière de main-d'œuvre, il est indispensable d'introduire immédiatement le fonctionnement, voire les particularités du marché du travail. Mais les moyens de ces choix font synergie et se renforcent mutuellement. Il y a une cohérence entre l'engagement local de la direction de Schneider, l'emprise sur les modes de vie ouvriers, les salaires directs faibles compensés par les éléments indirects : ces éléments convergent pour constituer un collectif, voire une minisociété dépendante. La stabilisation de la main-d'œuvre est en même temps son modelage. C'est en revanche par entrées et sorties, par tris et filtrages permanents, que procèdent les responsables de Renault pour obtenir les collaborations et compétences nécessaires : et la rapidité de l'embauche comme du licenciement a ainsi, au-delà de l'arbitraire aujourd'hui ressenti comme choquant, une indéniable dimension fonctionnelle, cependant que les hauts salaires assurent un nombre suffisant de candidatures. Avec leurs contingences et sans être nécessairement formalisées, il s'agit bien, à notre sens, de stratégies des ressources humaines.

*Source* : Bernard Gazier, *Les Stratégies des ressources humaines*, La Découverte, « Repères », Paris, 3e éd., 2004.

est nécessaire d'attirer des salariés possédant un métier élaboré, le salaire offert peut être élevé. Ce fut le cas de Renault à Billancourt vers 1914 (*cf.* encadré 5). D'un autre côté, l'entreprise peut faire le choix de fixer ses salariés, en se les attachant durablement. Il faut alors leur assurer un logement, des carrières, des organismes de formation et de loisir... Ce fut le choix des aciéries Schneider au Creusot, dès les années 1870 (*cf.* encadré 5). De nos jours, les grandes entreprises oscillent entre ces deux pôles, cependant que les plus petites sont plus proches du premier.

Bien des innovations légales ou institutionnelles survenues au cours des XIXe et XXe siècles ont imposé un contrôle de la collectivité sur l'utilisation du travail. Les choses ont commencé par une législation protectrice élémentaire, par exemple l'interdiction de faire travailler les enfants, qui remonte à 1841 (une loi fixe l'âge d'admission à 8 ans et interdit aux enfants les travaux de nuit ou dangereux ; de 12 à 16 ans, il était licite de faire travailler les enfants 72 heures par semaine ; or cette loi n'a jamais été appliquée). Mais les changements ont été plus profonds. Énumérons, sans nous attarder, quelques-uns des piliers de notre monde :

— le droit du travail et la représentation syndicale ;
— les négociations collectives ;
— le salaire minimum ;
— la Sécurité sociale et l'indemnisation du chômage ;
— la formation professionnelle.

Depuis les années 1950, le capitalisme est socialisé, c'est-à-dire contrôlé par de multiples organismes et institutions recherchant la croissance et une répartition des revenus jugée acceptable. Il est ainsi différent de celui qui prévalait au XIXe siècle. Pour souligner cette énorme mutation, certains économistes ont qualifié de « fordisme » (en hommage rétrospectif au constructeur automobile américain Henry Ford) cette nouvelle version du capitalisme qui se serait généralisée à partir des années 1950 dans les pays développés. Celle nouvelle forme de capitalisme ayant rencontré des difficultés dès les années 1970, tout un débat s'est ensuivi à propos des tendances actuelles : serions-nous dans un « postfordisme » ? Ou un « néofordisme » ? Mais cette question n'est pas bien formulée. Le terme « fordisme » méconnaît la diversité des « modèles productifs », dont le modèle « fordien » n'est qu'un exemple parmi beaucoup d'autres (*cf.* encadrés 6 et 7).

### *Inégalités et conflits du travail*

Le monde du travail est inégalitaire et hiérarchisé, selon des clivages multiples. On doit commencer par l'opposition classique et ancienne entre cadres et ouvriers. C'est aussi bien leur niveau de revenu que leur place dans la hiérarchie de l'entreprise et leurs valeurs et modes de vie qui les distinguent. Mais cette distinction n'a pas la même portée selon les pays : l'écart moyen de salaires entre l'ingénieur et l'ouvrier (qualifié) allemands est

**Encadré 6. Les institutions collectives des relations professionnelles et de la protection sociale en France : une petite chronologie**

| | |
|---|---|
| 1864 | Suppression du délit de coalition. |
| 1884 | Liberté d'association professionnelle ; il devient légalement possible de créer un syndicat. |
| 1898 | Loi sur les accidents du travail. La sécurité du travail relève des obligations de l'employeur. |
| 1928 | Loi sur les assurances sociales, créant un début de Sécurité sociale. |
| 1936 | Accords Matignon (Front populaire), favorisant les conventions collectives et instaurant la semaine de 40 heures et les congés payés. |
| 1945-1946 | Série de lois et d'ordonnances créant la Sécurité sociale (maladie, maternité et famille, retraite). |
| 1950 | Création du salaire minimum interprofessionnel garanti (Smig). |
| 1967 | Réforme de l'assurance chômage créant l'Agence nationale pour l'emploi (ANPE). |
| 1970 | Création du salaire minimum interprofessionnel de croissance (Smic), dont le niveau peut augmenter avec la croissance du pays. |
| 1971 | Loi Delors organisant la formation professionnelle continue. |
| 1998 et 2000 | Lois Aubry instaurant les 35 heures. |

de 1 à 2, alors qu'il est en France de 1 à 3. L'explication principale tient à la forte formation technique reçue par les ouvriers allemands. Ensuite, les catégories intermédiaires sont devenues nombreuses, avec l'existence de techniciens et « professions intermédiaires ». Toutefois, si l'on rassemble avec les ouvriers la catégorie des employés, dont le niveau de vie et la position hiérarchique sont proches de ce groupe, on obtient encore une nette majorité des salariés en France en 2000. Enfin, les inégalités entre les hommes et les femmes sont remarquables et persistantes : en gros, les femmes gagnent 30 % de moins que les hommes. Une fois tenu compte de leur moindre ancienneté sur le marché du travail et de leur moindre formation moyenne (cet écart tend à se réduire), il reste 15 % de différence. On voit peu en France de discrimination ouverte (payer différemment deux personnes équivalentes faisant le même travail), il s'agit plutôt de filières différentes et désavantageuses pour les femmes.

L'organisation du travail tend, comme on l'a vu plus haut, à décentraliser l'exécution des tâches et à responsabiliser les travailleurs. On aurait tort de sous-estimer ce mouvement qui

### Encadré 7. Du fordisme...

Le célèbre « *five dollars day* » décrété par Henry Ford au début du XXe siècle consistait à garantir une assez forte rémunération à ses ouvriers, avec l'espoir de les stabiliser dans l'entreprise et de leur permettre d'acheter des voitures produites en grande série. Certains économistes y ont vu le symbole d'une transformation radicale du mode de fonctionnement du capitalisme. Dans sa première version, celle de l'accumulation « extensive », les gains des capitalistes étaient obtenus en minimisant les frais de personnel et en recherchant des débouchés en dehors du monde ouvrier. Le choix « fordien » de verser de hauts salaires était lié à un impératif de gestion : stabiliser les salariés et faire baisser le taux de *turn-over*. Mais, si l'on généralise cette initiative, on définit un capitalisme qui cherche ses débouchés en lui-même, c'est-à-dire auprès de ses propres salariés. Les gains de productivité associés à une production de masse permettent alors de développer la consommation de masse standardisée et de transformer ainsi l'accumulation du capital, qui devient « intensive ». Ce qui permettrait d'expliquer l'expansion des années 1950-1960 par l'instauration du « fordisme » et d'interpréter les difficultés économiques actuelles comme étant celles de l'épuisement de ce mode d'accumulation.

Il existe au moins trois limites à cette clé d'analyse du capitalisme, clé séduisante mais trop globale et trop vague :

1. la grande variété des versions nationales du « fordisme » et l'hétérogénéité des mécanismes à l'œuvre dans chaque pays (le « fordisme » ne pouvant concerner qu'un secteur hautement concentré) montrent la complexité des processus en cause ;
2. les sources du dérèglement actuel de ce mode de régulation ne sont pas clairement établies : « crise du travail » (mais le chômage semble avoir singulièrement limité la propension à faire grève ou l'absentéisme, ce qui réduit la portée de cette explication), épuisement des gains de productivité (qu'il reste à expliquer), diversification de la demande, etc. ;
3. la difficulté de définir les contours de ce qui serait un néo- ou postfordisme enfin semble cantonner la thèse du « fordisme » à une explication rétrospective.

montre une tendance à l'augmentation de la participation ; mais on aurait tort aussi de penser qu'il donne le pouvoir aux travailleurs et notamment à ceux qui effectuent les tâches de production : il ne s'agit pas du tout des décisions essentielles qui portent sur les investissements, les choix de fabrication, les critères de rentabilité.

Les tendances actuelles de l'organisation du travail sont ainsi affectées par des rapports de forces aujourd'hui très favorables aux entreprises et à leurs actionnaires. Les résultats des enquêtes successives « Conditions de travail » menées par l'Insee montrent pour la France une nette tendance à l'accroissement de la pénibilité du travail durant les années 1980 et 1990, qui s'est

### Encadré 8... à la diversité des « modèles productifs »

Dans un livre récent, Robert Boyer a montré, avec Michel Freyssenet, que le « fordisme » n'était qu'un « modèle productif » parmi au moins six autres. Et ils l'ont fait en se limitant à l'industrie automobile ! Ceux-ci définissent un « modèle productif » comme un « compromis de gouvernement d'entreprise » qui permet de mettre en œuvre durablement une stratégie de profit viable, grâce à des moyens cohérents et acceptables par les acteurs concernés. Les moyens sont de trois ordres : une politique de produit, c'est-à-dire le choix de ce que l'on va produire et du marché sur lequel on va opérer ; une organisation productive ; une relation salariale. Un premier « modèle productif » est le modèle taylorien, qui repose sur une orientation stratégique générale qualifiée de « diversité et flexibilité » : on produit des petites et moyennes séries, et on peut se réorienter rapidement. Dans ce cadre, les principes tayloriens (temps alloués à une tâche précise : salaire lié à la performance) définissent un premier modèle. Toutefois, l'option « diversité et flexibilité » peut aussi être obtenue en mettant des opérateurs en équipes et en leur reconnaissant davantage d'autonomie : c'est alors un second « modèle productif », qualifié de « woollardien » par les auteurs, en hommage à Frank Woollard, ingénieur chez Morris, qui avait affirmé ces principes dès les années 1920. Le modèle « fordien » est une troisième option, qui repose sur une stratégie « volume » : il s'agit de produire des voitures peu variées en très grande série. Mais un quatrième modèle correspond à la stratégie « volume et diversité », c'est le modèle « sloanien », en hommage à Alfred P. Sloan, qui recherche les positions dominantes sur les marchés mais en offrant une assez grande variété de voitures. Deux autres modèles enfin consistent soit à rechercher une « baisse permanente des coûts », c'est le modèle « toyotien », soit à combiner « innovation et flexibilité », c'est alors le modèle « hondien ». Toyota, Honda : ces deux constructeurs japonais, que l'on a parfois rassemblés sous l'étiquette du « postfordisme », mettent ainsi en œuvre des choix stratégiques tout à fait différents, que l'on ne doit pas confondre. D'un côté, la « production au plus juste », qui repose sur l'élimination des stocks et des délais, mais ne fait guère appel à l'innovation ; de l'autre, la recherche permanente de produits nouveaux.

Non seulement les auteurs montrent qu'il n'y a pas de séquence nécessaire menant du taylorisme au « fordisme » puis à un « postfordisme » inspiré par l'expérience des firmes japonaises, mais ils affirment l'actualité de chacun de leurs six modèles.

stabilisée en 2005. En 1984, le pourcentage des salariés déclarant subir des contraintes découlant de demandes de clients ou du public était de 28 %. Il est passé à 46 % en 1991, puis 54 % en 1998 et reste à 53,2 % en 2005. En 1984, 17 % des salariés étaient soumis à un contrôle permanent de la hiérarchie, ils étaient 23 % en 1991 et 29 % en 1998 comme en 2005. Parmi les facteurs de pénibilité le plus souvent cités, on trouve l'obligation de fréquemment abandonner une tâche pour une autre non prévue : c'est ce que déclarent 48 % des salariés en 1991, 56 % en 1998 et 60 % en 2005. Toutefois, les marges de manœuvre se sont restreintes entre 1998 et 2005 : les salariés sont de plus en plus nombreux à recevoir des indications précises sur la manière de procéder : 18,2 % en 2005 contre 17,9 % en 1991 et 14,2 % en 1998 ; et ils sont moins nombreux désormais à pouvoir régler personnellement les incidents : 55,9 % en 1998 et 51,4 % en 2005.

Le monde du travail et de l'entreprise est ainsi fait de conflits et de coopérations, dont les enjeux et les acteurs varient au cours du temps.

Les grandes concentrations ouvrières et industrielles ont longtemps fourni aux syndicats leurs bataillons de salariés hommes partageant la même vision du monde et les mêmes objectifs. En France, durant les années 1950 et 1960, de puissants collectifs de travail se sont organisés dans un syndicalisme d'affrontement. La féminisation, la tertiarisation ont depuis lors déplacé les enjeux et transformé l'identité même des travailleurs et travailleuses. Une diversification s'est opérée depuis les années 1980 et a fait apparaître des groupes de salariés moins solidaires et moins radicaux. L'apparition d'un chômage de masse rarement en dessous de 10 % de la population active, la montée progressive des emplois précaires (les contrats à durée déterminée et les missions d'intérim restant toutefois minoritaires en France et représentant moins de 10 % du total des emplois en 2002) et les pratiques d'externalisation des firmes (recours aux sous-traitants et fractionnement des établissements) ont réduit la taille des regroupements de salariés et favorisé des comportements et des valeurs individualistes.

La question de la conciliation entre travail domestique et travail professionnel passe au premier plan, d'autant plus que l'on prend lentement conscience qu'en France le nombre d'heures consacrées aux enfants et à la vie familiale (repas, lessive, ménage...) est supérieur au nombre d'heures consacrées au travail rémunéré (43 milliards d'heures contre 39 milliards en 1997). L'enjeu de l'égalité entre les sexes devient essentiel, et les moins bien traités des travailleurs sont certaines travailleuses faiblement qualifiées et contraintes d'effectuer, après leur travail en entreprise, une seconde journée de travail, domestique celui-là. C'est notamment le cas des caissières des supermarchés.

En prenant un peu de recul, on constate que l'histoire du mouvement ouvrier est faite d'une combinaison de combats localisés et de grandes ruptures telles que la révolution russe de 1917, la prise du pouvoir par les sociaux-démocrates en Suède en 1933 ou le Front populaire en France en 1936. En France comme ailleurs, des affrontements sanglants ont marqué l'irruption de la contestation ouvrière : dès 1831, la révolte des Canuts (ouvriers du tissage de la soie) à Lyon a pris la forme d'une insurrection politique et a été réprimée dans le sang par le maréchal Soult. Le 1er mai 1891, à Fourmies, lors d'une manifestation de grévistes en faveur des 8 heures par jour, la troupe tire sur la foule et fait neuf morts, dont deux enfants, et une soixantaine de blessés. Ce qui est caractéristique du monde moderne n'est pas la disparition des conflits mais leur institutionnalisation : ils sont portés par des acteurs structurés et s'expriment, se résolvent et se poursuivent selon des règles plus ou moins détaillées.

La base des conflits a toujours été double. D'une part, la lutte pour de meilleurs salaires et de meilleures conditions de travail. D'autre part, la recherche de l'autonomie. L'ouvrier sur une chaîne n'est pas seulement victime des cadences, il est dépossédé de tout contrôle, voire de toute compréhension de son travail. C'est précisément ce qu'on lui demande : effectuer mécaniquement une série de gestes décidés ailleurs. Le contraste avec la situation d'avant la révolution industrielle est violent, mais surtout plus subtil et complet qu'il n'y paraît. Avant, le travail était réservé aux pauvres, donc peu ou pas intellectualisé, et laissé à l'appréciation du paysan ou de l'artisan. Désormais, le travail est le lot de tous, même des plus hautes strates de la société (hormis un petit groupe de rentiers) ; il est soit intellectuel (le travail de l'élite), soit géré par des intellectuels (le bureau des méthodes, les normes techniques et sociales) et le contrôle descend en cascade. Domination et hiérarchie du savoir vont de pair. Mais aucune activité productrice ne tient sans l'implication active des travailleurs. Il a été montré que même dans les activités les plus répétitives, l'intervention humaine explore des marges d'initiative et d'autonomie. Le sociologue Jean-Daniel Reynaud parle de la « régulation autonome » exercée par les opérateurs, qui vient rééquilibrer la « régulation de contrôle » exercée par la firme et rend possible la coopération.

Les revendications sont donc complexes, elles vont de l'instauration d'une autre société à des affirmations gestionnaires et participatives. Elles sont portées par de multiples organisations syndicales. Dans certains pays, les syndicats regroupent les salariés au niveau de l'entreprise, dans d'autres pays ce sont les branches et les regroupements interprofessionnels qui prévalent. Il est ici utile de situer la trajectoire de la France au regard des autres pays développés.

En schématisant fortement, on peut opposer deux modalités de recrutement syndical et trois modalités d'organisation collective, qui se sont affirmées progressivement dans l'Histoire et sont toutes présentes à des degrés divers aujourd'hui. Aux débuts du mouvement ouvrier, le syndicalisme est un *syndicalisme de militants,* qui se construit sur l'engagement personnel constant de travailleurs convaincus et peu nombreux. Petit à petit est apparu un *syndicalisme d'adhérents,* qui fait reposer sa force sur l'adhésion de groupes nombreux susceptibles d'être mobilisés. La première modalité d'organisation est le syndicalisme de métier, qui est fondé sur la solidarité de travailleurs souvent très qualifiés partageant une même identité professionnelle et désireux de s'entraider. Elle a été dominante tout au long du XIX^e^ siècle. La seconde s'appuie sur la solidarité ouvrière face au patron, notamment dans le cas de grandes entreprises rassemblant sur un même site de fortes concentrations de salariés faiblement qualifiés. C'est alors un syndicalisme d'affrontement voire de lutte des classes, dont les regroupements peuvent s'effectuer au niveau de l'entreprise ou à celui de la branche. L'origine de cette forme de syndicalisme date du début du XX^e^ siècle. Enfin, la diversification des catégories de travailleurs et de travailleuses a favorisé l'émergence d'un *syndicalisme de négociation,* recherchant des avantages différents selon les catégories qu'il représente et défend, les avantages catégoriels. Ce syndicalisme peut déboucher sur des revendications et des pratiques de cogestion ou de partenariat, lorsqu'il est associé à certaines décisions que prend l'entreprise. Ajoutons enfin que les organisations ouvrières peuvent établir des liens intimes avec des partis politiques (c'est le cas de la Grande-Bretagne avec les liens entre les *trade-unions* et le Parti travailliste) ou au contraire s'en écarter plus ou moins systématiquement.

Le syndicalisme français a historiquement emprunté la voie du syndicalisme militant et des « minorités agissantes », dans un contexte marqué, autour des années 1900, par une méfiance radicale à l'égard des partis politiques. C'est ainsi que la « charte d'Amiens », adoptée par la Confédération générale du travail (CGT) lors de son congrès de 1906, se prononce pour l'indépendance vis-à-vis des partis politiques et opte pour un syndicalisme révolutionnaire dont le but est la transformation de la société au moyen de la grève générale. D'autres syndicats se sont constitués, dont Force ouvrière (CGT-FO) issue d'une scission en 1948 lorsque la CGT a été contrôlée par des militants du Parti communiste, et la Confédération française démocratique du travail (CFDT) issue du syndicalisme chrétien et créée en 1964 à partir d'une laïcisation de la Confédération française des travailleurs chrétiens (CFTC) datant quant à elle de 1919. L'existence d'un syndicalisme de cadres (la Confédération générale des cadres, CGC, date de 1944) est une particularité française. De grandes vagues de syndicalisation ont été constatées, mais elles sont rapidement retombées. En 1918, la CGT déclarait un million de membres, et le taux de syndicalisation en France était inférieur à 8 % alors qu'il avait dépassé le seuil de 50 % en Allemagne et en Grande-Bretagne. Après 1936, la CGT a pu rassembler 5 millions de membres, et 6 à la Libération. Mais, très vite après cette période, le taux de syndicalisation s'effondre jusqu'en 1958, date à laquelle il se stabilise pour rester, avec des fluctuations et des recompositions, autour du niveau de 8 % que nous connaissons aujourd'hui. En l'an 2000, la CGT avance un chiffre d'environ 600 000 syndiqués, la CFDT un peu plus de 800 000, et Force ouvrière revendique un million d'adhérents mais ce chiffre est sans doute surestimé et la réalité serait plus proche de 300 000.

Le syndicalisme français est ainsi faible et divisé. En termes d'effectifs, il demeure le plus faible de l'OCDE : en 2000, il regroupe comme on l'a vu 8 % des salariés, contre 13,5 % aux États-Unis, 15 % en Espagne, 29 % au Royaume-Uni, 29,7 % en Allemagne, 35,4 % en Italie. Les pays du Nord de l'Europe forment quant à eux un bloc à part, avec de très hauts niveaux de syndicalisation : Suède 79 %, Danemark 87,5 %.

Dans un contexte assez général d'érosion du pouvoir syndical (sauf dans les pays nordiques), l'évolution française est singulièrement plus marquée qu'ailleurs. D'où vient cette situation et quelle en est la portée ? Il y a d'abord le rôle indéniable joué par la persistance du chômage de masse en France, qui fait craindre à tout salarié du secteur privé de perdre son emploi. Dans un contexte de restructurations fréquentes, ce sont les salariés du secteur public ou nationalisé qui résistent le mieux et finissent par porter les revendications de l'ensemble des salariés. C'est ainsi que le nombre de journées de grève en France est passé d'un niveau moyen de 4,5 millions de journées perdues par an [1] entre 1950 et 1980, à un niveau moyen de 1,5 million entre 1980 et 2000 (si l'on excepte l'année 1995), la part de la fonction publique et du secteur nationalisé ayant dépassé à plusieurs reprises 50 %. On remarque une nette reprise de la conflictualité en 2000, avec près de 2,5 millions de jours de grève.

Le syndicalisme français est principalement structuré en confédérations ouvrières organisées en branches (CGT, CFDT et FO) dont les projets se distinguent par l'ampleur des transformations sociales revendiquées (recherche d'une rupture avec le capitalisme, promotion de réformes plus ou moins radicales ou accompagnement gestionnaire). Un militantisme de contestation s'exprime de manière radicale, soit hors organisation, soit au sein de nouvelles structures syndicales, telles que le syndicat SUD (Solidaires, Unitaires, Démocratiques, créé en 1988 par le regroupement de militants exclus de la CFDT). Le patronat français est lui-même assez faiblement représentatif et structuré. Passé en 1998 du CNPF (Centre national du patronat français) au Medef (Mouvement des entreprises de France), il oscille entre l'affirmation d'un projet de société libéral et un rôle de lobby. Ce qui est en fait caractéristique de la France, ce n'est pas tant la division syndicale et la concurrence entre différentes organisations (qu'on retrouve par exemple en Espagne et en Italie) que le rôle prédominant joué par l'État dans la gestion des conflits du travail. Une bonne part des avancées obtenues par les salariés passe par le droit du travail et les interventions de l'État. Une importante contrepartie négative existe : le travail d'unification des revendications et de gestion des compromis en est singulièrement compliqué et le rôle des partenaires sociaux est affaibli même (et surtout) s'il est protégé. Signés par des négociateurs ne représentant qu'une minorité des travailleurs, les accords voient souvent leur portée réduite. Il en résulte des conflits parfois « hors institution », faits d'explosions brusques suivies de périodes passives. On peut penser qu'un renforcement du mouvement syndical en France doit passer par un coup d'arrêt donné aux tendances à l'émiettement, ce qui signifie la multiplication d'actions communes, voire de regroupements. Une opportunité en ce sens sera peut-être le e-syndicat, fondé sur la

1. Mais l'absentéisme au sens strict a représenté durant cette période une cinquantaine de millions de journées par an, ce qui relativise l'importance des grèves.

communication par Internet, qui permet l'offre de services nouveaux (aide juridique *on line*) et l'expression individuelle tout comme la circulation rapide des informations et des mots d'ordre.

## Conclusion

Au cœur des conflits et des espoirs du monde moderne, le travail a toujours été associé à des craintes, des refus et des espoirs contradictoires. Du côté des protestations, on trouve la critique de l'aliénation et du travail abêtissant et la dénonciation du « management par le stress », mais aussi les critiques communes faites aux « accros du boulot » qui sacrifient leur vie personnelle à leurs ambitions professionnelles. On sait aussi que la souffrance des chômeurs ne se réduit pas à un manque d'argent et provient d'une perte de légitimité sociale : ne pas travailler, c'est être exclu de la vie normale. Du côté des espoirs, l'idée que le travail permet l'affirmation de soi est de plus en plus présente, avec l'éloge de la « saga du boulot », mais elle coexiste avec l'affirmation ancienne et toujours d'actualité du « droit à la paresse [2] ». Crainte de pas assez de travail ou de trop de travail ? Et quel travail ?

Dans un essai remarqué, la philosophe Dominique Méda a parlé du travail comme une « valeur en voie de disparition [3] », cependant que nombre de responsables de l'action sociale montraient que l'intégration sociale passait de plus en plus par l'intégration professionnelle et donc par le travail socialement reconnu et exercé dans le cadre d'un emploi. Ce que souligne en fait ce débat, c'est l'interpénétration grandissante entre les domaines publics et privés, et l'importance de rendre possibles et effectifs des choix personnels tout au long de la vie. Puisque le travail est devenu plus intellectuel et fait davantage appel à l'initiative et à l'investissement personnels, il ne peut plus être contrôlé seulement par l'action sur les collectifs regroupés dans des établissements de grande taille, et il suppose l'apparition et la mise en œuvre de nouvelles solidarités et de nouveaux droits :

2. Paul Lafargue, gendre de Marx, a publié en 1880 un pamphlet intitulé *Le Droit à la paresse*, qui n'a pas beaucoup plu à son beau-père, partisan d'une émancipation plus laborieuse et organisée.
3. Dominique Méda, *Le Travail, une valeur en voie de disparition*, Aubier, Paris, 1995.

droit à la formation tout au long de la vie, à la réorientation professionnelle et à l'entretien des compétences, à la conciliation entre travail domestique et activité professionnelle et notamment aux congés parentaux, à la formulation et à la mise en œuvre d'un projet personnel pouvant combiner des périodes de loisir ou de travail bénévole, militant ou associatif, et des périodes de travail traditionnel, salarié ou non salarié. Au tournant du millénaire, ces droits commencent à être affirmés, ils ne pourront l'être pleinement que dans le cadre d'un nouveau compromis entre les entreprises et les travailleurs, qui reste à imaginer et à construire.

### Repères bibliographiques

COUTROT T., *Critique de l'organisation du travail*, La Découverte, « Repères/Thèses et débats », Paris, 2002.

GAZIER B., *Les Stratégies des ressources humaines*, La Découverte, « Repères », Paris, 3e éd., 2004.

GOLLAC M. et VOLKOFF S., *Les Conditions de travail*, La Découverte, « Repères », Paris, 2000.

MÉDA D., *Le Travail, une valeur en voie de disparition*, Aubier, Paris, 1995.

# IV / Emploi et chômage

*Jérôme Gautié et Yannick L'Horty**

## L'emploi

L'activité économique consiste à produire des richesses pour satisfaire les besoins humains. Pour cela, elle mobilise du travail sous différentes formes. L'emploi désigne la fraction de ce travail qui reçoit une rémunération et qui, par là, s'inscrit, dans toutes les sociétés, dans un cadre social et juridique. En France, on dénombre 15,5 millions d'emplois salariés dans les secteurs marchands et près de 7 millions dans les secteurs non marchands, la fonction publique, l'éducation, la santé, l'action sociale. On dénombre également 2 millions de non-salariés, chefs d'entreprise, artisans, commerçants et travailleurs indépendants. D'autres formes de travail existent — renvoyant par exemple aux activités domestiques, aux activités d'autoproduction, aux activités bénévoles — dont nous ne traiterons pas ici. Nous nous intéresserons en premier lieu à la dynamique de l'emploi aux différents niveaux (macro, méso et micro) avant d'aborder la question des formes d'emploi.

---

* Jérôme Gautié est professeur de sciences économiques à l'université Paris-I, chercheur au Centre d'économie de la Sorbonne et chercheur associé au Centre d'études de l'emploi. Yannick L'Horty est professeur d'économie à l'université d'Évry, chercheur au Centre d'études des politiques économiques (EPEE) et au Centre d'études de l'emploi.

*La dynamique de l'emploi*

Nous pouvons partir d'une équation simple : Y = Prt × Nt, (1) où Y désigne la production, Prt la productivité moyenne par tête, et Nt le nombre d'emplois. Ou encore, si Prh désigne la productivité moyenne horaire, et Dt la durée moyenne du travail (*i.e.* le nombre moyen d'heures travaillées par emploi) : Y = Prh × Dt × Nt (1 *bis*) du fait simplement que, par définition, Prt = Prh × Dt.

Par approximation (pour des petites valeurs), on peut déduire de l'équation (1) une deuxième relation : Y* = Prt* + Nt* (2) (où X* désigne le taux de croissance de la variable X) ; ou encore : Y* = Prh* + D*t + Nt* (2 *bis*).

Les équations (1), (1 *bis*), (2) et (2 *bis*) renvoient à des relations purement comptables, découlant simplement de la définition des différentes variables. Il faut maintenant en saisir la signification économique.

**Au niveau macroéconomique : la richesse en emplois de la croissance.** — Si Y désigne, au niveau de la nation, la production globale (ou encore : le PIB), l'équation (2) reflète simplement que, à ce niveau macroéconomique, le taux de croissance de l'économie (Y*) résulte du taux de croissance du nombre de travailleurs employés (Nt*) et du taux de croissance de la productivité moyenne de ces travailleurs (Prt*). Il en découle que, à un même niveau de taux de croissance de l'économie, peuvent correspondre des dynamiques de création d'emplois très diverses. En d'autres termes : la croissance peut être plus ou moins riche en emplois. Ce phénomène est bien illustré par la comparaison France/États-Unis au cours des dernières décennies, et ce dès les années 1960 : alors que sur la période 1960-1970 le PIB en France progressait en moyenne de 5,6 % par an, l'emploi, lui, n'augmentait annuellement que de 0,6 % (et donc, approximativement, la productivité moyenne par tête environ de 5 % par an) ; aux États-Unis, sur la même période, la croissance était beaucoup moins forte (3,8 % par an), mais la création d'emploi beaucoup plus dynamique (1,9 % par an), les gains de productivité par tête annuels moyens étant moins de la moitié de ceux constatés en France (de l'ordre de 2 %). On voit dans cette comparaison qu'il ne suffit pas d'une croissance élevée pour lutter contre le chômage. Il faut aussi une croissance riche en emploi.

L'équation (2 *bis*) permet de donner une autre clé de la richesse en emplois de la croissance : de façon « mécanique » (*i.e.* purement comptable), pour un taux de croissance de l'économie (Y*) et un taux de croissance de la productivité horaire moyenne (Prh*) donnés, le taux de croissance de l'emploi (Nt*) est d'autant plus élevé que le taux de croissance de la durée moyenne du travail (Dt*) est faible — et *a fortiori*, s'il est négatif. D'où l'idée, sur laquelle nous reviendrons, de la réduction du temps de travail comme stratégie de lutte contre le chômage.

**Au niveau mésoéconomique : la dynamique de l'emploi sectoriel.** — Les équations présentées en introduction de cette section permettent d'analyser aussi les évolutions de l'emploi au niveau sectoriel. Au cours des années 1950, l'économiste américain Colin Clark puis l'économiste français Jean Fourastié formulent la théorie des trois secteurs : primaire, secondaire et tertiaire. Ce classement ne repose pas sur la nature en elle-même des activités (et des produits correspondants). Il renvoie en fait à deux critères : d'une part, à l'évolution de la productivité du travail qui caractérise le secteur (Prt*) ; d'autre part, à l'évolution de la demande qui lui est adressée. Cette dernière détermine directement l'évolution de la production du secteur (Y*). On en déduit l'évolution de l'emploi par secteurs (Nt*), en fonction de l'équation (2) : Nt* = Y* – Prt*.

Ainsi, le secteur primaire rassemble les activités où les gains de productivité sont très importants, mais dont les produits font face à une demande relativement saturée et stagnante : on a donc Prt* > Yt*, et par là Nt* < 0 : en d'autres termes, l'emploi diminue dans ce secteur. Dans le secteur secondaire, les gains de productivité sont importants mais, dans un premier temps, la demande progresse de façon rapide : durant cette période, Y* > Prt*, et par la Nt* > 0 ; enfin, dans le secteur tertiaire, les gains de productivité sont faibles mais la demande très dynamique : Y* est très nettement supérieur à Prt* et, par là, la croissance de l'emploi (Nt*) est très importante.

De façon approximative, secteurs primaire, secondaire et tertiaire ont été assimilés aux trois secteurs traditionnels, à savoir l'agriculture, l'industrie et les services. Cette assimilation permettait de comprendre la dynamique de l'emploi sectoriel dans les pays industrialisés durant le XXe siècle. L'agriculture, soumise à un fort processus de mécanisation, perdait un nombre important d'emplois, dans un premier temps au profit de l'industrie, où la consommation (et donc la production) progressait plus vite que la productivité. Mais avec un ralentissement de la croissance de la demande de produits industriels, Y* a rejoint Prt* (voire est passé en dessous dans certains pays). Le secteur de l'industrie a vu à son tour sa part dans l'emploi total diminuer au profit de celle du secteur des services. Au total, en 2005, ces parts s'élevaient respectivement en France à 4, 23 et 73 %.

Les évolutions sectorielles permettent de mieux comprendre aussi les dynamiques de l'emploi au niveau macroéconomique. Si on reprend la comparaison évoquée plus haut, le « déficit » de créations d'emploi en France résulte, jusqu'aux années récentes, d'une création d'emplois beaucoup moins forte dans les activités « riches en emploi » (*i.e.* où la consommation augmente beaucoup mais la productivité peu), et notamment les services à la personne. Ainsi, à la fin des années 1990, le nombre d'emplois dans les services (principalement commerce et hôtels restaurants) rapporté à l'ensemble de la population était de 70 % plus élevé aux États-Unis qu'en France.

**Au niveau microéconomique : les déterminants de la productivité et de la création d'emplois.** — Plaçons-nous maintenant au niveau de l'entreprise : de l'équation (2), on peut en déduire que, à taux de croissance de sa production (Y*) donné — que l'on suppose fixé par la demande qui lui est adressée —, une entreprise créera d'autant moins d'emplois (Nt*) que ses gains de productivité moyens (Prt*) sont importants. Si Prt* dépasse Y*, l'entreprise détruit des emplois. De quoi dépend Prt* ?

Le progrès technique est un premier facteur possible. Celui-ci désigne des innovations qui permettent de mécaniser et automatiser certaines tâches. Dès l'apparition des premières machines dans l'industrie manufacturière à la fin du XVIIIe siècle, l'équation « progrès technique = destruction d'emplois » a été très vite établie par les ouvriers — et a donné lieu à de fortes résistances, illustrées par exemple par la révolte des luddistes au Royaume-Uni. De fait, cette équation n'est vérifiée que si l'on raisonne au niveau microéconomique et à niveau de production donné. Alfred Sauvy remarquait que la finalité du progrès technique était justement d'économiser du travail. Mais c'était pour souligner aussi que, au niveau méso- ou macroéconomique, cette équation est fallacieuse. En effet, les gains de productivité permettent d'accroître les salaires ou de baisser les prix (parfois les deux), ce qui entraîne une hausse de pouvoir d'achat et donc une hausse de la consommation et de la production : à ces niveaux plus agrégés, on ne peut plus raisonner à Y (ou Y*) fixées. Ainsi, le déversement des emplois des activités à fort progrès technique vers les activités à faible progrès technique est permis par la progression de la demande adressée à ces dernières, elle-même résultant des gains de pouvoir d'achat.

Revenons au niveau microéconomique. La productivité ne dépend pas seulement du progrès technique conçu comme étant déterminé, de façon exogène, par les innovations techniques dans la société. À techniques de production existantes données, l'entrepreneur a toujours un choix à faire dans l'utilisation des différents facteurs de production disponibles : le travail et le capital. Un agriculteur qui veut récolter ses 10 tonnes de blé dans la semaine peut par exemple avoir le choix entre deux combinaisons productives : d'un côté, 100 ouvriers agricoles équipés d'une faux, de l'autre un ouvrier agricole équipé d'une moissonneuse-batteuse. Il a donc un arbitrage à faire : pour un même niveau de production (Y), la deuxième combinaison productive est beaucoup plus intensive en capital, et, automatiquement, correspond à un niveau de productivité moyen par travailleur (Prt) beaucoup plus important (10 t par travailleur contre seulement 0,1 t pour la première combinaison productive). L'arbitrage de l'entrepreneur (et le niveau de Prt qui en résultera) dépend généralement, à ce niveau-là, du coût relatif des différents facteurs. Nous reviendrons plus bas sur le rôle du coût du travail.

### *La diversité des formes d'emploi et leurs usages*

La notion d'emploi renvoie aux éléments sociaux et juridiques qui encadrent l'usage du travail rémunéré dans une société. Au-delà du volume de l'emploi, il faut donc aussi s'intéresser à ses formes et à leurs usages par les entreprises.

**Les formes particulières d'emploi.** — Au cours du XXe siècle a émergé la figure de l'emploi « standard » : un emploi à durée indéterminée, chez un seul employeur, et à temps plein. En France, sa forme juridique est le contrat à durée indéterminée (CDI). À ses côtés existent d'autres formes d'emploi, souvent qualifiées de « particulières » : le contrat à durée déterminée (CDD) ; le contrat d'intérim (le salarié, embauché par une agence d'intérim, est mis à disposition d'une entreprise) ; l'apprentissage ; et enfin les « emplois aidés » qui sont des dispositifs de la politique de l'emploi (*cf.* plus bas). Ces formes particulières d'emploi sont plus ou moins strictement régulées selon les pays : ainsi, en France, les règles de recours à ces types de contrats sont en théorie relativement restrictives, et certains d'entre eux donnent droit à une prime salariale particulière pour le salarié (CDD, intérim). Même si la part de ce type d'emplois a augmenté en France au cours des dernières décennies, ainsi que la part des emplois à temps partiel, l'emploi « standard » reste encore la norme, au sens où il est encore largement majoritaire (*cf.* tableau 1). Il faut noter que ces formes d'emploi sont inégalement réparties : CDD et intérim concernent surtout les emplois les moins qualifiés, et l'emploi à temps partiel est très majoritairement féminin (31 % des femmes salariées en 2005 en France contre moins de 6 % des hommes).

Tableau 1. **Répartition des emplois en France, 2005, selon le type de contrat et la durée du travail**
(en %)

| **Temps plein** | **Temps partiel** | **CDI** | **CDD** | **Intérim** | **Apprentis** | **Emplois aidés** |
|---|---|---|---|---|---|---|
| 82,8 % | 17,2 % | 87,7 % | 7,0 % | 2,2 % | 1,3 % | 1,7 % |

*Source* : Insee.

**Flexibilité et précarité.** — Les raisons du recours aux formes particulières d'emploi de la part des entreprises peuvent être multiples. La première renvoie aux modalités de *sélection* et de *formation* : CDD et intérim sont aujourd'hui des passages obligés pour accéder à de nombreux emplois et servent ainsi de période probatoire. Les contrats de formation en alternance (comme l'apprentissage), comme leur nom l'indique, servent à former les recrues. Une deuxième raison renvoie à la volonté de réduire le *coût d'usage du travail*. C'est évident dans le cas des « emplois aidés » qui, par définition, bénéficient d'une subvention. Mais cela vaut aussi pour d'autres formes particulières d'emploi : ainsi, en France, même si les salariés en CDD et en intérim bénéficient d'une prime de précarité s'élevant à 10 % du salaire, ils ne bénéficient pas des autres compléments de salaire (prime d'ancienneté, treizième mois, intéressement...) et ils sont généralement payés aux coefficients les plus bas de la grille des salaires. Enfin, une troisième raison principale renvoie à la recherche d'une réduction des *coûts d'ajustements du travail* : l'entreprise cherche à ajuster au mieux le volume de travail qu'elle utilise à sa production, elle-même déterminée (*cf.* plus haut) par la demande qui lui est adressée. Ceci renvoie au problème de la *flexibilité.*

On distingue généralement quatre formes de flexibilité. La *flexibilité numérique (ou quantitative) externe* renvoie aux facilités d'embauche et de licenciement, et porte donc sur l'ajustement du nombre d'emplois. CDD et intérim répondent, par leur conception même, à ce type de flexibilité. La *flexibilité numérique interne* recouvre les possibilités d'ajuster le volume de travail en jouant sur les heures de travail plutôt que sur le nombre de travailleurs. Ceci peut se traduire par le recours aux heures supplémentaires, mais aussi au recours à des horaires fractionnés sous formes d'emplois à temps partiel. La *flexibilité fonctionnelle (ou qualitative)* exploite les potentialités de l'organisation du travail, comme la polyvalence et la rotation des tâches. Enfin, la *flexibilité salariale* renvoie aux modalités d'ajustement des salaires à la conjoncture. Ces deux dernières formes de flexibilité ne renvoient pas à la forme d'emploi mais plutôt à l'organisation et la rémunération du travail.

La flexibilité du côté de l'entreprise (et notamment la première) est généralement associée à la « précarité » du côté des travailleurs — d'ou l'appellation courante d'emplois « précaires » pour désigner les formes particulières d'emploi. Le degré de sécurité d'emploi peut être mesuré, en négatif, par la probabilité de perdre son emploi sur une période donnée. Les flux d'embauches et de licenciements (au sens large incluant les ruptures ou fins de contrat) concernent effectivement majoritairement les formes particulières d'emploi. Ainsi, au milieu des années 2000 en France, environ 70 % des entrées et plus de 50 % des sorties dans les établissements de plus de dix salariés étaient le fait d'une embauche en CDD ou d'une fin de CDD. Le temps partiel contraint — renvoyant au fait que la personne désirerait travailler un plus grand nombre d'heures — est aussi assimilé à une forme de précarité. En 2005, il concernait 30 % de salariés à temps partiel.

## Le chômage

### *Les chiffres du chômage*

**Définition et mesure.** — La plupart des pays se réfèrent aux critères établis par le Bureau international du travail (BIT) pour définir une personne au chômage. Ces derniers renvoient à trois conditions : être sans travail, être disponible pour travailler, et rechercher effectivement un travail. Ces critères nécessitent cependant une explicitation pour permettre de recenser les chômeurs. Aussi, les pays de l'Union européenne, par exemple, se sont mis d'accord sur une interprétation commune de ces critères. Celle-ci définit le chômage relativement à une semaine de référence et spécifie de façon précise les conditions pour être considéré comme chômeur.

Il faut tout d'abord ne pas avoir travaillé ne serait-ce qu'une heure pendant la semaine de référence. On voit par là que l'on a une définition très restrictive du chômage — et symétriquement très extensive de l'emploi. Il faut ensuite être disponible pour travailler dans un délai de deux semaines. Ce critère exclut donc les personnes qui, dans ce laps de temps, par exemple, ne peuvent pas résoudre un problème de santé ou de garde d'enfant qui les tient éloignées du marché du travail. Il faut enfin avoir entrepris des démarches spécifiques de recherche d'emploi au cours des quatre semaines précédant la semaine de référence.

La définition officielle du chômage (« au sens du BIT ») délimite en même temps les deux catégories complémentaires à celle des chômeurs : d'une part, celle des actifs occupés, qui recouvre l'ensemble des personnes qui occupent un emploi ; d'autre part, celle des inactifs, composée par les personnes qui ne recherchent pas d'emploi ou qui ne sont pas disponibles pour en occuper un. L'ensemble formé des chômeurs et des actifs occupés constitue la population active — un chômeur étant donc considéré, selon cette définition, comme « actif ». Au total, il faut bien comprendre que, d'une part, l'ensemble de la population se répartit entre ces trois catégories, et que, d'autre part, ces dernières n'ont aucune intersection : une personne est soit au chômage, soit en emploi, soit en inactivité.

La réalité de la situation objective des personnes — mais aussi de leur situation « subjective », c'est-à-dire telle qu'elles la perçoivent — est plus complexe. Dès les années 1970, la notion du « halo » du chômage est apparue : un ensemble de personnes n'était pas comptabilisé comme chômeurs au sens des critères du BIT alors que, de fait, leur situation s'apparentait à celle du chômage. C'est par exemple le cas des « chômeurs découragés » — les personnes qui désireraient occuper un emploi mais qui, faute de trouver, ont cessé d'en rechercher activement un. Plus généralement existent, aux frontières des trois catégories (chômage, emploi, inactivité), des zones « floues », où il peut y avoir un écart entre la classification officielle d'une situation et sa réalité et/ou la perception que l'on peut en avoir. Ainsi, un travailleur au noir peut être classé comme chômeur s'il s'est déclaré comme tel, ou comme inactif sinon — alors que sa situation s'apparente à celle de l'emploi. Une personne en emploi à temps partiel contraint, officiellement en emploi, est en fait « à cheval » entre l'emploi et le chômage (renvoyant d'ailleurs à la catégorie officielle de « sous-emploi »), etc. La croissance des dispositifs de la politique de l'emploi (*cf.* plus bas) a entraîné une multiplication de ces situations ambiguës, déguisant en partie des chômeurs en actifs occupés (s'ils sont en emploi aidé) ou en inactifs (s'ils sont par exemple en stage de formation).

**Les différences d'exposition au chômage.** — Si l'on observe les taux de chômage selon les pays, les différences nationales apparaissent nettement (*cf.* tableau 2).

Tableau 2. **Taux de chômage, 2005**
(en %)

| Allemagne | Danemark | France | Italie | Japon | Royaume-Uni | Suède | États-Unis |
|---|---|---|---|---|---|---|---|
| 9,5 | 4,8 | 9,5 | 7,7 | 4,4 | 4,7 | 6,4* | 5,1 |

* 2004.

*Source* : OCDE, 2006.

Pour autant, en France comme dans tous les pays, il existe des différences importantes entre les diverses catégories sociodémographiques. Les femmes sont plus exposées au chômage que les hommes ; les jeunes sont nettement plus concernés que les plus de 25 ans ; les travailleurs peu diplômés et/ou peu qualifiés sont largement surreprésentés dans le chômage (*cf.* tableau 3 pour la France). Le chômage est un phénomène de masse qui touche de façon très inégale les différentes catégories de travailleurs.

Tableau 3. **Taux de chômage en France, 2005**
(en %)

| Hommes | Femmes | < 25 ans | 25-49 ans | 50 ans et plus | Sans diplôme ou CEP | BEPC, CAP ou BEP | Bac | Bac + 2 | Bac + 3 et au-delà |
|---|---|---|---|---|---|---|---|---|---|
| 9,0 | 10,8 | 22,8 | 9,1 | 6,7 | 15,0 | 9,3 | 9,2 | 6,6 | 7,0 |

*Source* : Insee.

**Des stocks aux flux.** — Le taux de chômage rapporte le nombre de chômeurs à celui de la population active. C'est un indicateur imparfait du dynamisme du marché du travail. Un taux de chômage élevé peut coïncider avec un rythme élevé de créations d'emploi, dès lors que les sorties de l'emploi vers le chômage sont elles aussi élevées. Inversement, on peut constater un faible taux de chômage dans un marché du travail peu dynamique, avec très peu d'embauches et peu de licenciements. Bref, il y a loin du stock de chômeurs, représenté par le taux de chômage, aux flux sur le marché du travail, mesurés par les mobilités entre l'emploi, le chômage et l'inactivité. Parmi les indicateurs de flux sur le marché du travail, on peut évoquer les taux d'entrée en chômage et les taux de sortie, ou encore la durée passée dans le chômage ou dans l'emploi. Un taux de chômage important ne correspond pas nécessairement à une durée du chômage élevé et *vice versa*.

Cette distinction entre flux et stocks mérite d'être précisée à l'aide de quelques données chiffrées. Il y a au total à l'Agence nationale pour l'emploi (ANPE) un stock de quelque 3,8 millions de demandeurs d'emploi. Mais le flux de nouveaux inscrits est chaque mois de 280 000 à 300 000 entrées, soit environ 3,5 millions de nouvelles entrées chaque année. On recense ainsi chaque jour ouvré environ 15 000 nouvelles inscriptions à l'ANPE. Le nombre de sorties quotidiennes de l'Agence est du même ordre de grandeur.

Le profil type du chômeur de courte durée qui peut être dessiné à l'aide des résultats des études statistiques, confirme les constats des études menées sur les écarts de taux de chômage selon les caractéristiques des individus. Le chômeur de courte durée est plutôt un homme, jeune, de nationalité française, diplômé, occupant une fonction d'ouvrier hautement qualifié ou d'agent de maîtrise, dans les secteurs du bâtiment et des travaux publics, de l'hôtellerie-restauration, de l'artisanat ou du paramédical, et qui habite dans une ville moyenne. Inversement, les chances de retour à l'emploi sont les plus faibles pour une femme non diplômée de plus de 50 ans, employée non qualifiée, habitant une commune rurale.

La distinction entre flux et stock est particulièrement pertinente dans le cas des jeunes. Ils ont un taux de chômage nettement plus élevé que leurs aînés (stock) mais sortent plus facilement du chômage et ont une durée moyenne plus courte (flux). Leur emploi est plus fragile et ils ont plus de chances de le perdre, mais ils ont aussi plus de chances d'en retrouver un que les plus de 25 ans. Chances de sortie du chômage plus fortes, durée de séjour plus courte, mais aussi plus grande précarité de l'emploi et risque de chômage plus élevé sont des caractéristiques structurelles de la situation des jeunes en phase d'insertion sur le marché du travail.

Pour autant, il y a bien eu une corrélation positive entre la montée du chômage depuis 1975 et l'allongement de sa durée. Avant 1975, un chômeur avait trois chances sur quatre de retrouver un emploi lors de sa première année de chômage. Cette proportion s'est réduite régulièrement jusqu'au milieu des années 1980, pour se stabiliser par la suite, à moins d'une chance sur deux. Cet allongement de la durée du chômage vient beaucoup plus de la réduction des chances d'en sortir que du risque d'y rentrer, qui a assez peu varié depuis la fin des années 1960. La dégradation de la durée du chômage et des chances d'en sortir témoigne de l'ampleur du problème du retour à l'emploi des chômeurs.

### *La macroéconomie du chômage*

L'évolution du chômage sur les cinquante dernières années n'a pas été régulière. Le chômage est tout d'abord demeuré stable à un niveau faible jusqu'au milieu des années 1970. On dénombrait alors environ 500 000 chômeurs en France où le taux de chômage au sens du BIT se situait aux environs de 2,5 %. À partir du milieu des années 1970, il va s'élever de façon très régulière. Chaque année, jusqu'au milieu des années 1980, on dénombrera en moyenne 170 000 chômeurs en plus (un point par an). Un sommet est atteint au début de l'année 1987, avec 2,6 millions de chômeurs et un taux de 10,8 %. Depuis le milieu des années 1980, une troisième période s'est ouverte. Le chômage connaît désormais une évolution beaucoup moins régulière que par le passé. Il alterne des phases de baisse et des phases de hausse, en subissant des fluctuations importantes autour d'un niveau tendanciel élevé, que l'on peut situer autour de 2,5 millions de chômeurs et d'un taux de 10 %. Tout se passe comme si le chômage était devenu beaucoup plus fluctuant depuis que son niveau tendanciel est plus élevé. L'évolution en France est proche de celle de la moyenne des pays européens, même si les différences peuvent être très marquées selon les pays, comme nous l'avons vu.

**Chômage classique et chômage keynésien.** — Comment expliquer la montée du chômage, entre le milieu des années 1970 et le milieu des années 1980 ? Pourquoi s'est-il maintenu à un niveau aussi élevé, depuis le milieu des années 1980 ? Pour répondre à ces questions, il est nécessaire d'évoquer les grands chocs macroéconomiques qui ont affecté les économies européennes depuis le début des années 1970. Selon la nature de ces chocs, deux grandes familles d'approches peuvent être distinguées, les explications classiques et celles des keynésiens.

Pour qualifier la lecture classique du chômage, on parle parfois de lecture microéconomique ou encore de théorie du chômage volontaire. Pour évoquer la lecture keynésienne, on parle de lecture macroéconomique ou encore de chômage involontaire. Mais, en pratique, il n'est plus vraiment d'actualité d'opposer micro- et macroéconomie du chômage. D'un côté, les travaux microéconomiques appliqués au marché du travail conduisent fréquemment à une lecture d'ensemble des problèmes de l'emploi. D'un autre côté, la macroéconomie contemporaine présente de façon systématique des fondements microéconomiques à l'ensemble des comportements agrégés. La notion de chômage volontaire n'apporte pas davantage d'éclaircissements. Si le chômage est un phénomène purement macroéconomique, alors il est par nature involontaire. À l'inverse, si le chômage est volontaire, alors ce n'est pas un problème macroéconomique. Il est plus simple et peut être plus clair de préférer à ces notions l'évocation de la nature des chocs qui affectent l'économie, chocs d'offre ou de demande.

Selon l'approche classique, les chocs des années 1970 ont détérioré les conditions de l'offre de biens et services par les entreprises en renchérissant le coût des facteurs de production. Parmi ces chocs d'offre négatifs, on évoque les deux chocs pétroliers de 1974 et de 1979. La montée du prix de l'énergie en diminuant le potentiel de production des économies aurait eu des effets négatifs sur l'emploi. On évoque aussi la fin du système monétaire international hérité de Bretton Woods, qui intervient après août 1971. Après la fin du régime de change fixe, très favorable aux échanges internationaux, le flottement généralisé des monnaies complique sérieusement la tâche des exportateurs, ce qui va limiter l'activité et l'emploi. On évoque enfin l'essoufflement du rythme du progrès technique qui a été maintenu depuis l'après-guerre dans un contexte d'avance technologique américaine et de rattrapage européen et japonais. Moins d'innovations dans la production limite la croissance et l'emploi. Tous ces chocs d'offre négatifs ont des conséquences identiques. Sur un marché particulier, ils diminuent l'activité et augmentent les prix. Au niveau de l'ensemble des marchés, ils freinent la croissance et augmentent l'inflation. Le simple fait que les économies industrialisées soient entrées au début des années 1970 dans une période de « stagflation », combinant stagnation de l'activité et inflation, est un témoignage de la prédominance de ces chocs d'offre négatifs dans l'explication de la montée du chômage. Dans le cas de la France, des facteurs spécifiques ont pu s'ajouter aux causes communes à tous les pays. La forte hausse du Smic à partir de 1970, qui rattrapait le retard accumulé depuis 1950 par le Smig sur les salaires moyens, a renchéri au plus mauvais moment le coût du travail, nourrissant l'inflation et la dégradation des conditions de l'offre.

Selon l'approche keynésienne, ce sont plutôt des chocs du côté de la demande de biens et services qui sont à l'origine du chômage. La fin des Trente Glorieuses avec la récession de 1974 et la montée du chômage s'expliquerait davantage par un essoufflement de la demande que par une dégradation de l'offre. Les demandes intérieures se sont affaissées lorsque le compromis fordiste combinant production et consommation de masse a atteint ses limites. C'est donc l'insuffisance de la consommation et plus encore celle de l'investissement qui sont à l'origine du repli de la croissance. Les demandes extérieures ont suivi dans un contexte de repli des échanges et de déséquilibre monétaire internationaux. Importations et exportations, qui étaient les moteurs des Trente Glorieuses, ont vu leur progression se réduire fortement depuis 1970. Faits aggravants, les politiques de rigueur budgétaire menées par de nombreux gouvernements et l'austérité monétaire de nombreuses banques centrales ont amplifié la crise. Là où il aurait fallu davantage d'intervention de l'État, par des actions de soutien à la demande des ménages et des investissements dans les infrastructures, dans la recherche et dans l'éducation, il y a eu remise en question généralisée de l'intervention publique.

L'opposition entre ces lectures classique et keynésienne du chômage a d'autres implications importantes pour la politique économique. Pour réduire le chômage classique, qui est la conséquence d'une succession de chocs d'offre négatifs, il est souhaitable de favoriser les contre-chocs d'offre positifs. Il importe donc avant tout d'améliorer les conditions de l'offre, c'est-à-dire de réduire le coût des facteurs de production (travail, capital et énergie), d'augmenter la qualité de ces facteurs et de la combinaison productive (innovation technologique, meilleure qualification de la main-d'œuvre, meilleure organisation du travail et de la production) et d'accroître la quantité des facteurs de production (en favorisant la libre circulation du capital et des travailleurs tout en levant les obstacles juridiques qui pourraient limiter l'emploi). Pour réduire le chômage keynésien, qui résulte d'une insuffisance de la demande globale, il convient au contraire de produire des chocs positifs sur la demande, en soutenant l'activité avec des politiques macroéconomiques appropriées. Il faut détendre les politiques monétaires en abaissant les taux d'intérêt à court terme. Il faut aussi stimuler la demande par des politiques budgétaires et des déficits publics raisonnés. Il faut aussi trouver les clés d'une nouvelle régulation qui favorise durablement la demande, au travers par exemple d'un partage de la valeur ajoutée plus favorable aux salariés. On le voit, les recommandations des politiques économiques diffèrent selon la lecture du chômage.

**Le chômage d'équilibre.** — Au-delà des lectures classique et keynésienne, de nouvelles approches ont été développées depuis la fin des années 1980. Plus de vingt ans de persistance du chômage à un niveau élevé ont conduit en effet à des modifications parfois radicales de l'interprétation des causes du chômage. La persistance d'un niveau élevé de chômage, qui est une nouveauté historique des années 1980, pose en effet un véritable défi à la théorie économique. Comment un déséquilibre d'une telle ampleur peut-il se maintenir aussi durablement ? Pourquoi les forces de rappel qui devraient rééquilibrer les marchés n'agissent-elles pas ? En quoi le marché du travail n'est-il pas un marché comme les autres ?

Pour répondre à ces questions et expliquer la persistance du sous-emploi sur une longue période, on a vu émerger de nouvelles représentations du fonctionnement du marché du travail que l'on peut réunir sous l'appellation générique de « théories du chômage d'équilibre ». Ces théories parlent de « chômage structurel » pour exprimer le déséquilibre permanent du marché du travail. L'idée centrale est que, si le chômage se maintient durablement à un niveau élevé, c'est parce que ce niveau élevé produit des effets positifs par ailleurs. En d'autres termes, c'est parce qu'il compense ou encore qu'il équilibre quelque chose. Ce quelque chose, c'est le plus souvent les mouvements des prix et des salaires. Le chômage élevé empêche l'inflation et les hausses de salaires. Le chômage structurel est aussi un Nairu, c'est-à-dire un *Non Accelerating Inflation Rate of Unemployment.* Selon les théories des négociations salariales, par exemple, le chômage équilibre les aspirations des salariés et celles des employeurs, il apporte la paix dans le partage de la valeur ajoutée, ce qui limite les facteurs de hausse des salaires et des prix. Un chômage durablement plus élevé modère durablement les aspirations salariales, permet de figer le partage de la valeur ajoutée et de limiter les hausses des salaires et des prix.

La notion de chômage structurel est liée à celle de chômage naturel, introduite en 1968 dans la théorie économique par Milton Friedman, lors de sa conférence présidentielle à l'American Economic Association. Pour ce dernier, « le chômage naturel est celui qui résulterait en fin de compte du système d'équations représentant l'équilibre général walrasien, corrigé des véritables caractéristiques structurelles du marché du travail et des marchés des biens, de leurs imperfections, de la variabilité de la demande et de l'offre, des coûts de collecte de l'information sur les emplois vacants et les capacités de travail inemployées, des coûts de la mobilité, etc. ». Le taux naturel ainsi défini peut aussi être qualifié de chômage frictionnel. Il correspond à un niveau constant dans le temps et relativement faible, entre 2 et 4 %. C'est l'une des composantes du chômage structurel qui est d'un niveau plus élevé et qui est surtout variable dans le temps. « Le taux naturel bouge », résumait l'autre grand théoricien du chômage d'équilibre Edmund Phelps, récompensé du « prix Nobel » en 2006. Dans tous les cas, le taux de chômage structurel est un niveau de longue période. Il correspond peu ou prou au taux de chômage moyen sur une dizaine d'années. En France, le taux de chômage structurel doit être proche de 10 % dans les années 1980 et 1990. La bonne question n'est d'ailleurs pas tant celle de son niveau que celle de ses déterminants.

Au sein des théories modernes du chômage d'équilibre, plusieurs familles d'approches méritent d'être distinguées. Pour les « nouvelles théories du marché du travail », parfois qualifiées d'approches néokeynésiennes, la persistance du chômage à un niveau élevé est la conséquence de rigidités de salaires. Par exemple, selon la théorie des contrats implicites, la rigidité salariale est un moyen de garantir au salarié, qui est averse au risque, le bénéfice d'une rémunération stable indépendamment de l'état de la conjoncture. Selon les théories du salaire d'efficience, la rigidité des salaires est la conséquence d'une politique de gestion du personnel qui veut à la fois inciter et fidéliser les salariés. Selon l'approche *insiders/outsiders* sur le marché du travail, les salariés qui ont un emploi s'approprient une partie des coûts de *turn-over,* ce qui leur permet de maintenir les salaires au-dessus du niveau permettant de réduire durablement le chômage. Tous ces arguments indépendants sont utilisés comme autant de fondements microéconomiques à l'existence d'un chômage d'équilibre au niveau macroéconomique. Les modèles assurant le passage des arguments micro au niveau macro sont connus sont le nom de modèles WS-PS, pour *Wage Setting/Price Setting,* et ont été popularisés au début des années 1990.

Une autre famille d'approches rassemble les modèles de flux sur le marché du travail dont l'objectif est d'analyser les conditions de la rencontre entre offre et demande de travail. Un représentant est Christopher Pissarides dont la *théorie du chômage d'équilibre* (2000) constitue un modèle de référence pour l'ensemble des travaux contemporains. Le propos de cette théorie n'est pas seulement de rendre compte de la permanence d'un chômage élevé mais aussi du fait qu'elle coïncide avec la persistance de pénuries d'emploi dans de nombreux secteurs d'activité. La montée du chômage et sa persistance sont interprétées comme une défaillance du processus d'appariement entre offre et demande de travail. Cela tient à la fois à la qualité des offres et des demandes, et à l'inadéquation croissante des deux grandeurs dans un contexte d'insuffisante mobilité géographique et professionnelle de la main-d'œuvre. Cela tient aussi à la montée des coûts de *turn-over* de la main-d'œuvre, coût d'embauche et coût de licenciement.

La diversité de ces approches illustre l'intérêt des économistes pour l'explication de la persistance du chômage. Au-delà de cette diversité, on peut aussi retenir ce qui fait l'unité de ces travaux : le souci de donner des fondements microéconomiques à une lecture macroéconomique du chômage ; la volonté de considérer les imperfections des marchés des biens et services ou du marché du travail. Il s'agit bien d'introduire plus de réalisme dans la lecture du sous-emploi. Les imperfections donnent du pouvoir aux agents, c'est-à-dire une capacité pour les travailleurs de modifier la formation des salaires et pour les employeurs d'agir sur les prix. Ces nouvelles approches du chômage ont donc pour point commun de laisser une place plus large au pouvoir, aux conflits et aux stratégies et de transformer ainsi les agents économiques en véritables acteurs.

*Le rôle des institutions en débat*

L'évolution du chômage depuis le début des années 1970 a été très différente aux États-Unis et en Europe. Outre-Atlantique, le taux de chômage connaît des fluctuations fortes autour d'un niveau tendanciel élevé mais relativement constant dans le temps autour de 5 à 6 %. En Europe, le niveau de longue période du chômage n'est clairement pas constant dans le temps. Cela explique pourquoi les théories du « chômage structurel qui bouge », même si elles sont nées aux États-Unis, ont connu leur plus grand succès en Europe. Il n'y a donc pas une mais deux histoires du chômage.

Le simple constat des différences entre l'Europe et les États-Unis amène à penser que l'évolution du chômage ne saurait être interprétée uniquement avec une succession de chocs macroéconomiques, tels les chocs pétroliers, monétaires ou technologiques. Ces chocs ne varient pas toujours dans l'espace, entre pays. Comment des chocs communs aux États-Unis et à l'Europe pourraient expliquer des différences de trajectoire entre les deux zones géographiques ?

Ceci amène à s'intéresser au cadre institutionnel des différents pays. Les institutions des marchés du travail, tels que le droit du travail, l'existence d'un salaire minimum ou la générosité de la protection sociale sont relativement stables dans le temps et très différentes selon les pays. Elles ont les caractéristiques inverses des chocs macroéconomiques, variables dans le temps mais pas dans l'espace. À elle seule, aucune des institutions du marché du travail n'a connu suffisamment de changements entre les années 1960 et 1980 pour rendre compte des variations dans les trajectoires nationales du chômage. Mais, une fois associées à des chocs macroéconomiques, elles permettent de construire des explications satisfaisantes du chômage. Les différences d'évolution du chômage des deux côtés de l'Atlantique résultent d'une succession de chocs macroéconomiques communs qui ont affecté des pays dont le cadre institutionnel est différent. Cette problématique « chocs-institutions » a été développée en particulier par Olivier Blanchard et Steven Nickell.

**Salaire minimum et prélèvements sociaux.** — Parmi toutes les institutions qui participent à la régulation du marché du travail, les effets du salaire minimum sont parmi les plus discutés. L'objectif du salaire minimum est de limiter les inégalités entre les salaires tout en évitant que le déséquilibre des positions entre un salarié et son employeur ne conduise dans certains secteurs d'activité à des rémunérations trop faibles. Il s'agit d'un instrument public qui permet à l'État de pallier les insuffisances de la libre négociation des salaires par les partenaires sociaux. En Europe, les pays qui n'ont pas de législation sur le salaire minimum (7 pays sur les 25) sont ceux où la négociation des salaires est particulièrement efficace, et sont situés le plus souvent au nord du continent. En France, le salaire minimum interprofessionnel de croissance (Smic) a remplacé en 1970 le salaire minimum interprofessionnel garanti (Smig), instauré en 1950 par la loi relative aux conventions collectives qui garantissait le principe de libre négociation des salaires.

En contrepartie de ce rôle positif de rempart aux inégalités salariales, il est reproché au salaire minimum de réduire le niveau d'emploi. Dans la lignée des travaux originels de Stigler (1946) pour qui la distribution des productivités individuelles détermine celle des salaires, le salaire minimum tronquerait la distribution « naturelle » des salaires. En rendant illégaux les faibles salaires, il ferait disparaître les emplois peu qualifiés dont la productivité est située en dessous du minimum.

Les travaux appliqués mettent cependant en doute ces positions théoriques. En particulier, une étude célèbre de David Card et Alan Krueger suggère un lien positif entre la hausse du salaire minimum et l'emploi. Il s'agit d'une étude de cas sur les *fast-foods* de deux États américains qui mobilise une méthodologie dite d'expérience naturelle. En 1992, le salaire minimum a augmenté de près de 20 % dans le New Jersey et est resté stable dans l'État voisin, la Pennsylvanie. En observant l'évolution de l'emploi au sein des établissements de restauration rapide, on peut raisonner toutes choses égales par ailleurs. Or c'est dans le New Jersey que l'emploi a le plus augmenté. Il pourrait y avoir une relation positive entre l'emploi et le salaire minimum contrairement aux conclusions de la théorie classique.

L'argument théorique qui fait porter aux législations du salaire minimum une part de responsabilité dans la montée du chômage est de nature microéconomique. Si le salaire minimum est élevé, c'est le coût du travail non qualifié qui est important. Les employeurs vont tenter de le répercuter dans leur prix de vente, ce qui va diminuer la demande qui leur est adressée, limiter leur activité et leur emploi de travailleurs peu qualifiés. À ce mécanisme, appelé effet volume, s'en ajoute un autre, l'effet de substitution. Les employeurs vont tenter aussi de remplacer les salariés peu qualifiés par d'autres travailleurs jugés plus productifs et moins coûteux (compte tenu de leur productivité élevée) ou par des machines si cela est techniquement possible. Suite à une hausse du Smic, les consommateurs vont eux aussi substituer du travail qualifié au travail non qualifié lorsqu'ils achètent plus de produits dont le prix relatif a diminué, qui incorporent davantage d'emploi qualifié et productif.

Avec cette même logique, le niveau élevé des prélèvements sociaux pourrait pénaliser l'emploi. En France, le Smic brut horaire est de 8,27 euros en juillet 2006. Le coût pour l'employeur est de 11,50 euros. Le gain net pour le salarié est de 6,50 euros. Les prélèvements sociaux sont au total de 5 euros par heure de travail au Smic, soit un montant équivalent à 77 % de la rémunération nette du salarié. Ce pourcentage a été doublé depuis les années 1950. Ce poids croissant des cotisations sociales dans le coût du travail aurait pu jouer un rôle dans la montée du chômage, particulièrement pour les travailleurs peu qualifiés rémunérés au voisinage du Smic. Certes, les cotisations sociales ouvrent des droits à la retraite, à l'indemnisation du chômage, à l'assurance maladie, et sont des éléments de revenus différés. Mais il n'en reste pas moins que les déséquilibres croissants des différentes branches de la protection sociale, au premier rang desquels figure celui du financement des retraites, augmentent le coût du travail sans forcément améliorer le revenu net des salariés. L'organisation de la protection sociale et de son financement a bel et bien un rôle à jouer dans la lutte contre le chômage.

**L'indemnisation du chômage.** — Dès les années 1930, dans un article resté célèbre, l'économiste français Jacques Rueff mettait en question l'indemnisation du chômage comme la cause du maintien à un haut niveau du taux de chômage au Royaume-Uni. Dans les années 1970, la théorie microéconomique de la « recherche d'emploi » (*job search*) a introduit la notion de « salaire de réservation » pour éclairer l'arbitrage auquel se livre le chômeur. Cette notion désigne le salaire en dessous duquel ce dernier refuse l'emploi proposé. Le salaire de réservation est déterminé par les ressources alternatives à celles tirées de l'emploi auxquelles il peut avoir accès, et notamment son allocation chômage : plus celle-ci est généreuse, plus son salaire de réservation est élevé, et plus longue sera sa recherche d'emploi et donc sa durée de chômage.

Au niveau très global, la « générosité » d'un système d'indemnisation peut s'apprécier en fonction de trois critères : 1) le *taux de couverture*, qui désigne la part (en %) des chômeurs qui reçoivent une indemnisation ; il est notamment déterminé par les conditions préalables de cotisations (notamment en termes de durée) ; 2) le *taux de remplacement*, qui désigne le rapport (en %) entre l'allocation versée et le salaire que recevait le chômeur quand il occupait son emploi ; 3) enfin, la *durée d'indemnisation*, qui elle aussi est généralement fonction de la durée de cotisation préalable.

Quand on compare les différents pays au niveau macroéconomique, on ne trouve pas de corrélation globale simple entre la générosité des systèmes d'indemnisation et le taux de chômage : ainsi, le Danemark, où le système est plus généreux qu'en France, a un taux de chômage deux fois inférieur au milieu des années 2000 (*cf.* tableau 2). Quand on entre dans le détail, toujours en comparaison internationale, on décèle une certaine corrélation entre la durée moyenne d'indemnisation et la durée moyenne du chômage, mais ces résultats sont à interpréter avec prudence. En effet, à ce niveau macroéconomique, la question de la causalité reste toujours posée : il se peut que c'est parce qu'ils ont un taux de chômage de longue durée élevé que certains pays sont amenés à appliquer des durées d'indemnisation plus longues.

Étant donné ces difficultés, c'est plutôt au niveau microéconomique qu'il faut essayer de déceler l'impact potentiel de l'indemnisation chômage sur le comportement des chômeurs. Pour ce faire, les études se basent sur des « panels » de chômeurs — *i.e.* des échantillons suivis sur une certaine durée — et essaient de mesurer l'impact des règles d'indemnisation sur les sorties du chômage. Deux conclusions principales émergent de l'ensemble des travaux réalisés sur les effets de l'indemnisation du chômage.

Une indemnisation généreuse limite effectivement les incitations à la recherche active d'un emploi et allonge la durée du chômage. Les études menées en France confirment ces résultats en mettant bien en évidence une corrélation positive entre durée d'indemnisation et durée du chômage au niveau individuel : quand cesse l'indemnisation, on constate un pic dans les sorties du chômage. Cependant, quand on entre dans le détail, on constate que beaucoup de sorties se font vers l'inactivité (chômeurs découragés), et notamment pour les individus les moins qualifiés. De fait, ce sont ceux qui sont le mieux indemnisés (et donc ceux dont le salaire était le plus élevé, par là, les plus qualifiés) qui peuvent le plus facilement « moduler » leur durée de chômage.

Cependant, et c'est le deuxième enseignement important, l'indemnisation du chômage permet d'améliorer les conditions de recherche d'emploi et favorise ainsi une meilleure adéquation de l'emploi retrouvé aux préférences et caractéristiques productives du chômeur. Cet effet positif sur l'« appariement » peut contribuer à diminuer la récurrence des épisodes de chômage et donc favoriser la stabilité de l'emploi.

Au total, si l'indemnisation du chômage peut avoir un certain effet désincitatif à la reprise d'emploi, c'est un facteur secondaire pour la plupart des chômeurs. De plus, ce n'est pas tant la générosité en soi de l'indemnisation qui est en cause, que les règles qui l'entourent (contrôle et accompagnement des chômeurs), comme le montre l'exemple du Danemark (*cf.* plus bas). De fait, dans de nombreux pays, l'« activation » est devenue une priorité : celle-ci consiste à articuler de façon plus étroite indemnisation et mesures d'aide au retour à l'emploi (accompagnement, formation, subventions à l'emploi) qui constituent la « politique active de l'emploi » (*cf.* section 3). Enfin, il faut tenir compte du fait qu'une indemnisation trop faible peut nuire à la qualité des appariements « chômeur/emploi » sur le marché du travail.

**La protection de l'emploi.** — La protection de l'emploi recouvre l'ensemble des règles régissant les contrats de travail — et par là les modalités d'embauche et de licenciement. Nous avons vu plus haut qu'il existe plusieurs types de contrats et que l'usage des contrats « temporaires » (CDD, intérim) faisait aussi l'objet d'une réglementation plus ou moins stricte selon les pays.

Au cours des années 1990, l'attention s'est portée, notamment à l'instigation de l'OCDE, sur les effets pervers de la protection de l'emploi, en opposant les pays d'Europe continentale « rigide » à fort taux de chômage (comme la France) aux pays plus flexibles et à faible taux de chômage (comme les États-Unis). Une première accusation — souvent portée par les employeurs eux-mêmes — est que les entreprises embauchent moins quand les licenciements sont trop réglementés. Cependant, les moindres embauches notamment en phase de reprise peuvent être compensées par de moindres licenciements en période de récession, avec un effet relativement neutre sur le niveau de chômage à moyen terme, mais une plus grande stabilité de l'emploi dans la conjoncture. Selon l'économiste Olivier Blanchard du MIT, c'est plutôt en interaction avec les chocs macroéconomiques qu'une protection de l'emploi élevée peut avoir des effets pervers : elle peut en effet ralentir les ajustements nécessaires et par là contribuer à la persistance d'un chômage élevé. De façon plus structurelle, un argument schumpétérien peut être aussi avancé : une protection de l'emploi élevé ralentirait la réallocation nécessaire des emplois entre entreprises et secteurs et nuirait au processus de destruction créatrice qui est au fondement de la croissance capitaliste.

Empiriquement, à un niveau global, quand on compare les différents pays, on ne constate pas de corrélation simple entre degré de protection de l'emploi et taux de chômage : ce dernier est beaucoup plus faible en Suède qu'en France (*cf.* tableau 2), alors que ces deux pays ont un degré de protection de l'emploi relativement proche. Cependant, selon les travaux de l'OCDE, il y aurait un impact sur la répartition de l'emploi au sein des différentes catégories sociodémographiques : dans les pays où la protection de l'emploi est plus stricte, les jeunes et les femmes notamment ont des taux d'emploi plus faibles. En même temps, la part des emplois temporaires y est aussi plus importante. De plus, le marché du travail y est moins fluide : taux d'entrée et taux de sortie du chômage y sont plus faibles et donc, mécaniquement, la durée moyenne du chômage y est plus longue.

La protection de l'emploi serait donc créatrice de dualisme, entre des *insiders*, bien protégés, et des *outsiders*, précarisés, voire exclus de l'emploi. Cependant, ici aussi, des potentielles causalités inverses doivent être prises en compte : ainsi, dans les pays d'Europe du Sud, c'est aussi parce que les taux d'emploi des femmes sont traditionnellement plus faibles et les difficultés d'insertion des jeunes plus importantes que les hommes adultes — souvent seuls ou principaux soutiens de famille (les *male breadwinners*) — tiennent tant à protéger leur emploi. La protection de l'emploi y est effectivement plus forte que dans les pays anglo-saxons ou les pays nordiques.

Au total, l'OCDE elle-même, dans ses derniers travaux, reconnaît que la protection de l'emploi jouerait plus sur le dualisme du marché du travail que sur le niveau de chômage global. La priorité ne serait donc plus à la simple dérégulation du marché du travail mais à la recherche d'une conciliation entre flexibilité (pour les entreprises) et sécurité (pour les individus) — nous y reviendrons.

## Les politiques de l'emploi

Le terme « politique de l'emploi » au sens large recouvre un vaste ensemble de politiques publiques dont l'objectif est d'améliorer la situation du marché du travail en favorisant la création de nouveaux emplois ou la sauvegarde des emplois existants.

Ces politiques recouvrent une grande variété d'instruments dans la mesure où la création d'emploi suppose que plusieurs conditions soient réunies en même temps. Il faut tout d'abord créer des postes de travail nouveaux dans les entreprises, ce qui dépend de la demande de travail et de ses déterminants. Il faut aussi que le profil de ces postes corresponde à celui des chômeurs, ce qui met en jeu la localisation des emplois, la mobilité géographique et professionnelle des chômeurs. Il faut enfin que ces derniers les acceptent, ce qui dépend des conditions de travail et de rémunération et également de l'architecture des revenus de remplacement. Nous aborderons d'abord les politiques de l'emploi au sens restreint — ou encore, les « politiques du marché du travail » (*labour market policies* au sens de l'OCDE) — avant de nous pencher sur les politiques plus globales — aussi bien du côté de la demande que de celui de l'offre.

### *Les politiques du marché du travail*

**Typologie des mesures et comparaison des pays de l'OCDE.** — Les politiques du marché du travail n'agissent pas tant sur les mécanismes généraux de fonctionnement du marché du travail que sur les chômeurs eux-mêmes (ou, plus largement, les sans-emploi). En se fondant sur la typologie de l'OCDE, on peut classer les mesures en deux catégories. Les *mesures actives* regroupent l'ensemble des dispositifs qui visent à réinsérer les chômeurs dans l'emploi. Ceci concerne principalement : 1) les mesures d'*accompagnement et d'aide à la recherche d'emploi* mises en place par le service public de l'emploi ; 2) les mesures ciblées sur des catégories de chômeurs (jeunes, chômeurs longue durée, etc.) de *subvention de l'emploi* au sens large — ou encore, dans la terminologie française, d'« emplois aidés » (aussi bien dans le secteur privé que dans le secteur public) ; 3) les mesures de *formation*. Les mesures dites « passives » — ou encore, de garantie de revenu — ont pour objectif de d'assurer une certaine sécurité de revenu. Elles recouvrent principalement l'*indemnisation du chômage* et les dispositifs publics de *préretraite*. Les dépenses publiques de l'emploi désignent l'ensemble des fonds publics consacrés aux mesures actives et passives.

Le tableau 4 présente la part de ces dépenses dans le PIB dans quelques pays de l'OCDE. La différence des efforts est très importante entre les différents pays : pour un taux de chômage du même ordre, le Danemark consacre en 2004 plus de huit fois plus en parts de PIB à la politique du marché du travail que les États-Unis (4,49 %

contre 0,53 %) — l'écart étant encore plus important pour les mesures actives (1,83 % du PIB contre seulement 0,16 %). De façon plus générale, la politique du marché du travail est relativement résiduelle dans les pays anglo-saxons de tradition libérale (Royaume-Uni, États-Unis) ainsi qu'au Japon, alors qu'elle joue un rôle important dans les pays d'Europe continentale (mais moins dans ceux du Sud), et encore davantage (d'autant plus que l'on compare au niveau de chômage) dans les pays nordiques.

Tableau 4. **Dépenses publiques de l'emploi en 2004 en % du PIB** (dont dépenses actives)

| Allemagne | Danemark | France | Italie | Japon | Royaume-Uni | Suède | États-Unis |
|---|---|---|---|---|---|---|---|
| 3,46<br>(1,14) | 4,49<br>(1,83) | 2,69<br>(0,97) | 1,35<br>(0,58) | 0,73<br>(0,28) | 0,81<br>(0,52) | 2,56<br>(1,24) | 0,53<br>(0,16) |

*Source* : OCDE, 2006.

**Évaluations et réformes.** — On peut essayer d'évaluer l'impact, au niveau macroéconomique, des dispositifs de la politique du marché du travail sur le niveau d'emploi et de chômage. Les études consacrées aux emplois aidés montrent que leur impact en termes de créations nettes d'emploi est faible. En effet, plusieurs effets de déperdition interviennent. D'une part, les entreprises peuvent recourir à un contrat subventionné pour un emploi qu'elles auraient de toute façon créé : elles bénéficient alors d'un *effet d'aubaine*. Si la subvention est ciblée, les entreprises peuvent alors avoir simplement recruté un salarié aux caractéristiques différentes (un jeune, un chômeur de longue durée) de celles de celui qu'elles auraient recruté spontanément ; il s'agit alors d'un *effet de substitution*. De plus, une entreprise bénéficiant d'emplois aidés peut renforcer sa compétitivité par rapport à ses concurrentes — et par là contribuer à détruire des emplois chez ces dernières —, créant un *effet d'éviction*. Si l'impact sur le niveau global d'emploi est généralement minime, il peut en être différemment sur le niveau de chômage. En effet, les politiques du marché du travail ont pour objectif de réduire l'inadéquation entre l'offre et la demande de travail, mesurée notamment par le nombre des emplois restés vacants faute de candidats adéquats. Améliorer l'information et la formation des chômeurs peut contribuer à réduire le taux d'emploi vacant, et donc ce chômage d'« inadéquation ». Pour le reste, c'est plutôt aux stratégies plus globales (*cf.* plus bas) qu'il faut s'en remettre pour augmenter le niveau d'emploi.

L'efficacité des politiques du marché du travail doit aussi s'apprécier au niveau microéconomique, du point de vue des individus qui en bénéficient : dans quelle mesure, à caractéristiques individuelles données (âge, sexe, diplôme...), le fait de passer par une mesure améliore-t-il la probabilité de trouver un emploi ? D'un point de vue technique, ce type d'évaluation pose des problèmes complexes. En effet, il faut bien raisonner « toutes choses égales par ailleurs » pour ne pas attribuer à la mesure l'effet des caractéristiques individuelles (qui font que les individus sont plus ou moins « employables ») ou l'effet du contexte (l'effet de la mesure risquant, par exemple, d'être différent dans un bassin d'emploi dynamique et dans un autre qui l'est beaucoup moins). Ces évaluations tendent à montrer que les bénéficiaires des dispositifs d'emplois aidés dans le secteur marchand (et notamment de formation en alternance) ont des taux de retour à l'emploi supérieurs à ceux des emplois aidés non marchands. Ces derniers entraîneraient même un *effet de « signal »* négatif sur certains bénéficiaires, les employeurs leur attribuant une moindre productivité ou une moindre motivation. Mais, en même temps, ces dispositifs accueillent les chômeurs les moins employables — et donc une partie des effets décevants peut être due aux caractéristiques des bénéficiaires et non pas seulement à la mesure elle-même. Un autre résultat est que les mesures peuvent être plus ou moins efficaces selon les publics de bénéficiaires. Mais un grand nombre d'études menées aux États-Unis montrent que pour les moins qualifiés et les moins employables, les mesures de subvention et surtout de formation ont une efficacité très limitée. James Heckman, « prix Nobel » d'économie et grand spécialiste de l'évaluation, en déduit notamment que, pour ce type de public, les politiques de deuxième chance et de formation tout au long de la vie sont un leurre, et qu'il peut être préférable d'offrir des emplois subventionnés dans le secteur non concurrentiel.

Face à ces résultats mitigés, un important effort de réforme de la mise en œuvre des politiques actives a été entrepris dans de nombreux pays de l'OCDE. Une première tendance a été d'accroître l'effort d'accompagnement des chômeurs à travers l'individualisation croissante du suivi — s'accompagnant aussi généralement d'un contrôle plus étroit et d'exigence de contreparties plus importantes pour le chômeur indemnisé. Ainsi, au Royaume-Uni comme au Danemark, les chômeurs doivent accepter d'entrer dans une mesure active au-delà d'une certaine durée du chômage (six mois ou un an) s'ils veulent conserver leur allocation. Cette individualisation s'accompagne souvent aussi de la mise en place du *profilage* des chômeurs : celui-ci consiste à tracer le profil de ces derniers à partir de leurs caractéristiques individuelles à l'aide d'outils statistiques, pour mieux les orienter vers les dispositifs adaptés. En même temps, on assiste à un processus de rationalisation de la mise en œuvre des politiques. Cela peut se traduire par un rapprochement, au sein du service public de l'emploi, de l'organisme d'indemnisation du chômage (l'UNEDIC en France) de celui qui est chargé du placement des chômeurs (l'ANPE en France). Ce mouvement se manifeste aussi souvent par une décentralisation de la mise en œuvre — pour être au plus près du terrain — ainsi que par un recours croissant à des opérateurs externes auxquels on délègue la mise en œuvre de certaines mesures (notamment de formation), voire le placement lui-même, comme dans certains pays. L'Australie, où le placement est désormais assuré par des organismes privés choisis sur appels d'offre, est un des pays qui sont allés le plus loin dans cette direction.

### *Les stratégies globales*

Les politiques du marché du travail correspondent à un grand nombre de dispositifs ciblés sur des publics particuliers. À ces actions catégorielles, on ajoute aujourd'hui des politiques globales qui vont concerner un grand nombre de salariés et déployer des ressources budgétaires très supérieures aux politiques traditionnelles. Ces politiques globales sont aussi des politiques structurelles, qui agissent en profondeur en modifiant durablement les règles du jeu du marché du travail.

En France, les politiques de l'emploi privilégient aujourd'hui des leviers monétaires plutôt que la règle ou le contrôle. L'objectif est de subventionner les employeurs en baissant leurs prélèvements sociaux, pour les inciter à proposer des offres d'emploi. On subventionne dans le même temps les salariés, en augmentant leurs transferts sociaux, pour qu'ils acceptent ces offres d'emploi. Les subventions aux employeurs, côté demande de travail, constituent la majeure partie des budgets consacrés aux nouvelles politiques. Mais les actions sur l'offre de travail sont celles qui se développent le plus ces dernières années. Dans les deux cas, l'activation est en quelque sorte étendue au financement et aux dépenses de la protection sociale en vue de soutenir le volume d'emploi.

Ces nouvelles politiques sont des mesures générales dont on peut profiter sans aucune condition d'âge, de diplôme, de secteur d'activité, d'ancienneté dans le chômage ou de lieu de résidence, ce qui explique pourquoi les effectifs concernés sont nettement plus importants que ceux des dispositifs antérieurs. La seule condition qui intervient est le niveau de rémunération (pour les exonérations sur les bas salaires) ou le niveau de revenu (pour la prime pour l'emploi et les autres aides du côté de l'offre de travail). Les nouvelles politiques ciblent les bas salaires, avec un périmètre souvent variable d'une mesure à l'autre. Par ailleurs, ces nouvelles mesures sont « sans guichet » ; elles bénéficient aux salariés ou aux employeurs sans qu'ils aient à effectuer de démarche particulière, contrairement aux politiques traditionnelles ciblées qui supposent un coût de gestion administrative.

Nous présentons les actions effectuées du côté de la demande de travail puis du côté de l'offre avant d'aborder la stratégie de réduction de la durée du travail, qui est une politique globale qui occupe une place à part dans cet ensemble.

**Côté demande, l'abaissement du coût du travail.** — Le soutien à la demande de travail au travers de subventions générales données aux employeurs sous forme de baisse de cotisations sociales a été inauguré au début des années 1990. Les premiers dispositifs d'allègements de cotisations sociales sur les bas salaires ont été mis en œuvre en France, en Belgique et aux Pays-Bas en 1993 et 1994. L'exonération était à l'origine d'un montant faible et réservée aux salariés très proches du Smic. Elle a été progressivement renforcée et étendue. Les dispositifs qui se sont succédé en France depuis 1993 ont élargi la fenêtre d'exonération, jusqu'à 1,6 Smic, ont étendu l'ampleur de l'exonération jusqu'à 26 % de Smic brut et en ont modifié la forme en passant d'exonérations en paliers à des réductions sans effets de seuil. Ces dispositifs concernent début 2007 près de deux salariés sur trois et un budget proche de 20 milliards d'euros. Cette masse budgétaire et l'ampleur des effectifs concernés en font aujourd'hui, et de très loin, la première des politiques pour l'emploi menées en France.

Les évaluations disponibles indiquent que le nombre d'emplois non qualifiés créés ou sauvegardés par ces mesures est un peu supérieur à 250 000, pour une enveloppe budgétaire de 5 milliards d'euros. Le coût par emploi serait d'environ 20 000 euros par an, soit un montant proche du coût d'un emploi au Smic à temps complet. Il s'agit là d'un coût brut. Le coût net est obtenu en retranchant au coût brut le montant des rentrées de cotisations sociales liées aux créations d'emploi et celui de l'ensemble des transferts sociaux et des aides diverses qui sont liés directement ou indirectement au financement du chômage. Une estimation raisonnable du coût net est d'environ la moitié du coût brut. L'ordre de grandeur de 10 000 euros nets par emploi non qualifié créé ou sauvegardé peut donc être retenu. L'impact sur l'emploi qualifié est plus incertain. Il est négligeable dans de nombreuses études, parfois positif et négatif dans d'autres évaluations. Un impact négatif sur l'emploi qualifié suppose que les effets de substitution dominent les effets volume, ce qui est d'autant plus probable que l'exonération est ciblée à un niveau de salaire proche du Smic.

Même si le bilan sur l'emploi est positif, l'ampleur des moyens engagés pouvait laisser espérer des effets plus importants encore. Pour interpréter ce *hiatus* entre les effets attendus et les effets effectivement mesurés, l'instabilité des dispositifs doit être évoquée. On peut recenser près d'une dizaine de réformes des allègements de cotisations depuis 1993, ce qui conduit à une durée de vie moyenne de chaque dispositif d'environ dix-huit mois. S'agissant de mesures structurelles qui ont pour objectif de modifier durablement les comportements des employeurs, ce type d'instabilité est dommageable. Si l'objectif est d'envoyer des signaux sur la structure du coût du travail ou sur les gains du retour à l'emploi, il est souhaitable d'indiquer que les nouvelles mesures sont pérennes. L'idée était déjà présente dans l'une des premières évaluations de ces mesures, réalisée par Edmond Malinvaud en 1998, qui plaidait alors pour que les allègements soient intégrés durablement dans les barèmes des cotisations.

Une autre limite des dispositifs réside dans les effets qu'ils produisent sur les salaires. Lorsqu'une mesure est trop ciblée au voisinage du Smic, les entrepreneurs ne sont pas incités à concéder des hausses de salaires qui leur font perdre le bénéfice des exonérations. L'allègement creuse une « trappe à bas salaires ». Pour l'éviter, il faut pouvoir ouvrir l'accès à l'emploi sans fermer, dans le même temps, les perspectives de progression de salaire. Au travers du choix d'un ciblage des exonérations plus ou moins concentré sur les bas salaires, on organise un compromis entre quantité et qualité des emplois, entendu ici au sens de perspective de carrière salariale. Cet arbitrage n'est pas seulement un problème économique, c'est une question politique, qui doit refléter des préférences collectives.

**Côté offre, l'incitation au retour à l'emploi.** — À la fin des années 1980, les incitations monétaires du côté de l'offre de travail ont à leur tour été mobilisées en France. Les gouvernements successifs ont souhaité valoriser le travail, faire en sorte qu'il rapporte, conformément au mot d'ordre *to make work pay*. On veut désormais soutenir l'offre de travail alors que l'objectif poursuivi auparavant par l'action publique était plutôt d'encourager les retraits d'activité. L'objectif n'est plus de diminuer le taux de chômage, mais bien d'accroître le taux d'emploi.

Les politiques incitatives ont tout d'abord consisté à réformer les outils redistributifs existants pour éviter les pertes subites de transferts sociaux lors du retour à l'emploi d'un chômeur ou d'un allocataire du RMI, avec la réforme de l'intéressement du RMI puis celle des allocations logement et de la taxe d'habitation. Elles ont ensuite introduit de nouveaux instruments, avec l'instauration de la prime pour l'emploi en 2001. Cette dernière est un impôt négatif à la française et s'inspire des dispositifs analogues qui existent aux États-Unis (*Earned Income Tax Credit*) ou au Royaume-Uni (*Working Family Tax Credit*). Réservée aux personnes qui travaillent dont le salaire annuel est compris entre 0,3 et 1,4 Smic, la prime pour l'emploi est globalement d'un montant plus faible que celui de ses équivalents anglo-saxons et est moins ciblée sur les plus bas revenus.

Tous les leviers incitatifs ont été progressivement actionnés. On a réduit les désincitations monétaires au retour à l'emploi, avec le durcissement de l'indemnisation du chômage. On a renforcé les gains monétaires au retour à l'emploi, avec les revalorisations du salaire minimum (qui a augmenté de 30 % entre 2000 et 2006), les réformes de la prime pour l'emploi et la mise en place du contrat d'insertion-revenu minimum d'activité. On a aussi accentué les incitations non monétaires avec notamment le plan d'action personnalisé et la décentralisation du RMI. On a enfin réduit les incitations au retrait d'activité pour les seniors avec la baisse des préretraites.

Ces politiques incitatives sont apparues en France dans la seconde moitié des années 1990 dans un contexte macroéconomique de reprise soutenue de l'activité. C'est peut-être parce que la demande de travail semblait de moins en moins faire obstacle au recul du chômage que l'on s'est préoccupé de plus en plus de l'offre de travail. Une autre raison réside dans l'organisation même des transferts sociaux qui sont très dégressifs pour les plus bas revenus. Le revenu minimum d'insertion garantit un niveau minimal de revenu et complète les ressources du ménage pour parvenir à dépasser ce niveau. Il s'agit d'une prestation différentielle : 1 euro de revenu d'activité en plus signifie 1 euro de revenu de transferts en moins. En considérant de surcroît les prestations sociales versées sous condition de statut ou de revenu, qui ne sont pas toujours prises en compte dans les ressources du RMI, la perte d'avantages sociaux lorsque l'on retrouve un emploi ou lorsque l'on dépasse certains seuils de revenus pénalise le retour à l'emploi. Les politiques incitatives ont pour objectif de lever ces obstacles monétaires.

Il est aussi une troisième raison qui permet d'expliquer le développement de ces politiques. Au sortir du RMI ou du chômage de longue durée, les emplois accessibles sont généralement en contrat à durée déterminé, rémunérés au niveau du Smic et/ou à temps partiel. Si la norme du retour à l'emploi était un emploi stable et à temps complet au Smic, il n'y aurait pas de réel problème de gains monétaires à la reprise d'un emploi. Or le développement des situations d'emploi qui ne rapportent pas ou peu à ceux qui les occupent est une conséquence des politiques d'abaissement du coût du travail. De ce point de vue, les nouvelles politiques incitatives sont un complément nécessaire aux politiques de demande de travail.

Il faut souligner que le montant des budgets déployés par toutes ces mesures côté offre est plus faible que celui déployé du côté de la demande de travail. Pour 100 euros d'aides, plus de 80 vont aux employeurs et moins de 20 vont aux salariés. Le coût de la prime pour l'emploi, qui profite en 2005 à 9,1 millions de foyers fiscaux, est de 2,7 milliards d'euros. C'est plus de six fois moins que les exonérations sur les bas salaires.

**La réduction de la durée du travail.** — Peu de réformes structurelles auront été autant étudiées et débattues que celle du passage aux 35 heures. Élément d'une solution au problème du chômage de masse pour les uns, rigidité supplémentaire contraignant la liberté du travail et le volume d'emploi pour les autres, les oppositions sont très tranchées entre défenseurs et détracteurs des 35 heures. La réduction de la durée collective du travail n'en reste pas moins une stratégie globale pour l'emploi, mise en œuvre par la France entre 1998 et 2002. Elle emprunte à la fois des éléments aux dispositifs d'exonération du coût du travail, qu'elle a contribué à élargir et approfondir, et aux mesures d'incitation au retour à l'emploi avec les effets qu'elle a induits sur le Smic, tout en constituant une politique de l'emploi originale qui occupe une place spécifique dans l'expérience française.

Question économique analysée à l'origine dans des cercles restreints, la réduction du temps de travail est devenue un projet politique de la majorité issue des élections législatives de 1997 et du gouvernement de Lionel Jospin, puis une question centrale du débat social après le vote en 1998 de la « loi d'orientation et d'incitation relative au temps de travail », dite loi Aubry I. En fixant au 1<sup>er</sup> janvier 2000 la réduction à 35 heures de la durée légale du travail pour les entreprises de plus de 20 salariés et au 1<sup>er</sup> janvier 2002 pour les entreprises de moins de 20 salariés, cette loi introduit une rupture majeure dans les règles du jeu sur le marché du travail. À la phase conventionnelle où employeurs et salariés furent invités à négocier les conditions concrètes de la réduction du temps de travail, a succédé une phase légale où la nouvelle durée s'est imposée à tous en modifiant les conditions du recours aux heures supplémentaires (la durée légale du travail est celle à partir de laquelle les salariés sont rémunérés en heures supplémentaires).

Après les élections présidentielles de 2002, le changement de majorité a ouvert la voie à l'« assouplissement » des 35 heures. C'est la loi Fillon du 17 janvier 2003 qui a organisé la transition en assouplissant le recours aux heures supplémentaires, en fusionnant les dispositifs d'allègement de cotisations sociales des entreprises à 35 heures et ceux des entreprises à 39 heures, et en harmonisant les mécanismes de garanties mensuelles de rémunération mis en œuvre lors du passage aux 35 heures. Le principe des lois Aubry était celui d'une compensation salariale intégrale de la réduction de la durée du travail pour les salariés payés au niveau du Smic, soit 35 heures payées 39. Mécaniquement, cela impliquait 11,4 % de hausse du salaire horaire. En pratique, cette hausse a eu lieu entre 2003 et 2005, à la suite de la loi Fillon. La hausse du Smic a ainsi dépassé 5 % chaque année entre 2003 et 2005. Le choix de cette sortie « par le haut » a été motivé par la volonté affichée de valoriser le travail, de faire en sorte que l'emploi rapporte.

Si l'on suit les travaux des économistes qui ont analysé les effets sur l'emploi des 35 heures, quelques points de consensus peuvent être dégagés. On sait que le calcul le plus simple pour mesurer les effets des 35 heures sur l'emploi fait appel à la fameuse règle de trois — que l'on peut déduire mécaniquement de l'équation (1 *bis*) évoquée plus haut (*cf.* « La dynamique de l'emploi »), en faisant l'hypothèse que le volume de la production et celui de la productivité restent constants. Si la durée du travail est réduite de quatre heures pour 9 millions de salariés à temps complet des secteurs marchands, on libère un volume d'heures travaillées correspondant à 1 million d'emplois à 35 heures. L'impact est donc *a priori* considérable. Mais tous les économistes s'accordent pour considérer que ce calcul le plus simple est aussi le moins réaliste : « La règle de trois n'aura pas lieu. »

La première raison est qu'il y a loin de la réduction de la durée légale à celle de la durée effective. Beaucoup d'entreprises n'ont pas signé d'accord pour réduire leur durée du travail et près d'un salarié sur deux n'est pas concerné par les 35 heures. La deuxième raison est qu'il y a loin de la baisse de la durée effective à l'emploi dans chaque entreprise. La règle de trois est un raisonnement « toutes choses égales par ailleurs » mais ni le volume de production ni celui des heures travaillées n'ont de raison de rester les mêmes. La réduction du temps de travail a eu également un impact sur les salaires, sur le coût du travail, sur la productivité et sur la croissance. La dernière raison est qu'il y a loin de l'emploi dans chaque entreprise à l'emploi au niveau de l'économie tout entière qui met en jeu des effets indirects, *via* un bouclage macroéconomique.

Un autre point de consensus porte sur les principaux mécanismes économiques en œuvre avec la réduction de la durée légale. On s'accorde sur le fait que l'impact final sur l'emploi dépend d'un petit nombre de paramètres : le montant des aides accordées par l'État et les conditions de leur financement, l'impact sur la productivité horaire du travail et celle des équipements, le degré de compensation salariale. Si l'on connaît ces paramètres, on peut en déduire l'effet de la réduction de la durée sur le coût horaire du travail et sur le niveau de la demande, ce qui est suffisant en première analyse pour évaluer théoriquement des effets sur l'emploi (avant de prendre en compte des relais macroéconomiques tels que les effets sur l'équilibre extérieur, celui des finances publiques ou encore celui du marché du travail).

Il faut une configuration de ces paramètres très pessimiste pour obtenir un bilan négatif du passage aux 35 heures en termes d'effectifs employés. Mais il faut aussi une configuration très optimiste pour obtenir un bilan positif en termes d'heures travaillées. En d'autres termes, le bilan en emploi est toujours assez nettement inférieur à celui qui résulterait de l'application de la règle de trois. En partageant le travail, on réduit assez fortement le volume d'heures travaillées : les emplois créés ne dépassent pas la moitié des emplois qui auraient été créés avec un pur partage du travail du type de la règle de trois. L'ordre de grandeur est confirmé par les évaluations rétrospectives qui concluent à environ 350 000 emplois créés ou sauvegardés par les 35 heures, chiffre qui correspond à une valeur assez centrale des évaluations prospectives.

*Au-delà du chômage*

Le chômage reste, et restera sans doute encore longtemps, une catégorie importante d'analyse du marché du travail et de ses déséquilibres. Le taux de chômage est un indicateur-cible des politiques publiques : le faire baisser ou le maintenir à un niveau bas est une priorité de tous les gouvernements. Depuis la fin des années 1990, de nouvelles préoccupations sont apparues permettant soit de renouveler la problématique du chômage, soit de la compléter par des indicateurs portant aussi sur l'emploi.

**La flexicurité.** — Dans la représentation « fordiste » de l'après-guerre, le chômage est l'envers de l'emploi « standard » qui se définit un statut (avec ses droits associés). Ce statut est perçu comme d'autant plus fort — et donc d'autant plus favorable au travailleur — que la protection de l'emploi (au sens évoqué plus haut) qui lui est associée est elle-même importante. Celle-ci détermine la *sécurité de l'emploi*, que l'on peut mesurer par la probabilité de garder son emploi sur une période donnée. Cette vision amène à faire de la limitation du risque de perte d'emploi une priorité de la lutte contre le chômage. Mais il risque d'en découler des « rigidités » qui peuvent être inadaptées au besoin croissant de flexibilité des entreprises. Et, de fait, on l'a souligné, dans les pays où la protection de l'emploi traditionnelle est forte, le marché du travail connaît un important dualisme.

Le défi des économies avancées serait donc désormais d'essayer de concilier flexibilité (pour les entreprises) et sécurité (pour les individus) — deux termes en grande partie antagoniques dans le paradigme fordiste. Il faut pour cela promouvoir non plus simplement la sécurité de l'emploi, mais plus largement la *sécurité d'emploi et d'employabilité*. Celle-ci se mesure non pas par la probabilité de garder un emploi déterminé, mais d'être en emploi sur une période donnée. Cela peut supposer de changer d'emploi, et donc de passer par le chômage, mais en y restant le moins longtemps possible, ce qui renvoie au fait d'être le plus « employable » possible. En d'autres termes, il s'agit non plus de protéger un statut à un moment donné, mais de sécuriser les transitions et trajectoires des individus tout au long de leur cycle de vie professionnel.

Le Danemark est, au début des années 2000, une bonne illustration du « triangle d'or de la flexicurité ». Celui-ci repose sur trois piliers étroitement complémentaires. D'une part, le niveau de protection de l'emploi y est relativement faible. D'autre part, l'indemnisation du chômage y est généreuse (taux de remplacement de 90 % pour les salaires les plus bas). Enfin, on l'a noté, pour éviter notamment les effets désincitatifs de la précédente et pour maintenir et accroître constamment l'employabilité des chômeurs, la politique du marché du travail y est particulièrement active. Si le Danemark fait office de modèle, ses spécificités font qu'aucune importation pure et simple de son système n'est envisageable dans de nombreux pays : la réussite danoise est en effet liée à un ensemble de caractéristiques (taux de syndicalisation de 80 %, taux de prélèvement obligatoire record, niveau de formation élevé de l'ensemble de la population active, culture du compromis) qui font défaut par exemple à la France. Chaque pays doit donc trouver sa propre voie pour essayer de trouver le juste équilibre entre flexibilité et sécurité, et ainsi retrouver une nouvelle forme de plein emploi.

**Le volume et la qualité de l'emploi.** — Alors que la stratégie européenne pour l'emploi mise en œuvre après le sommet de Luxembourg de 1997 vise principalement la baisse du taux de chômage et la hausse des taux d'emploi, la notion de qualité de l'emploi joue un rôle central lors du Conseil européen de Lisbonne en mars 2000. La stratégie de Lisbonne fixe l'objectif de faire de l'Europe « l'économie de la connaissance la plus compétitive et la plus dynamique au monde, capable d'une croissance économique durable accompagnée d'une *amélioration quantitative et qualitative de l'emploi* et d'une plus grande cohésion sociale ». La qualité de l'emploi a été ensuite présentée comme *l'un des objectifs prioritaires* lors du Conseil de Nice en décembre 2000. Elle est devenue un *objectif horizontal général* lors du Conseil européen de Stockholm en mars 2001. En décembre 2001, une définition précise de la qualité de l'emploi est adoptée lors du sommet de Laeken.

Proposée par la Commission en juin 2001, la définition de Laeken porte sur dix dimensions de la qualité qui sont assorties d'indicateurs clés et d'indicateurs de contexte qu'il est recommandé d'évaluer à l'aide de sources statistiques standardisées. La qualité de l'emploi est présentée comme un concept relatif et multidimensionnel qui couvre à la fois les caractéristiques des emplois et le contexte du marché du travail. Les différentes dimensions portent sur l'accessibilité des emplois, les perspectives de mobilité sociale, de qualification et d'ascension salariale, les discriminations entre les sexes, selon l'âge, l'ethnie ou le handicap, la santé et la sécurité au travail, le recours au temps partiel et aux contrats à durée déterminée, la capacité des emplois à ne pas déséquilibrer la vie familiale, la qualité du dialogue social et l'efficacité du travail mesurée pas la productivité.

Depuis le ralentissement de la conjoncture européenne du début de la décennie 2000, le thème de la qualité de l'emploi semble néanmoins en perte de vitesse. Il représente une part de plus en plus réduite des rapports annuels sur *l'emploi en Europe* dont il occupait un chapitre entier en 2001. Le Conseil européen de Barcelone en mars 2002 identifie ce domaine comme étant l'un de ceux requérant une impulsion spéciale. Le Conseil de Bruxelles de mars 2005 dresse un « bilan mitigé » de la stratégie de Lisbonne et propose un « recentrage des priorités sur la croissance et l'emploi ». Même si on en revient à des objectifs plus quantitatifs, il n'en reste pas moins que ces orientations entérinent un glissement d'une attention uniquement focalisée sur le taux de chômage à des objectifs en termes de taux d'emploi. Même avec un taux de chômage faible, un pays peut en effet faire face à des difficultés — notamment en termes de financement de son système de protection sociale, si la part de sa population en emploi est elle-même faible.

### Repères bibliographiques

CAHUC P. et ZYLBERBERG A., *Microéconomie du marché du travail*, La Découverte, « Repères », Paris, 2003.

GAUTIÉ J., *Le Chômage*, La Découverte, « Repères », Paris, à paraître en 2008.

IRES, *Les Mutations de l'emploi en France*, La Découverte, « Repères », Paris, 2005.

L'HORTY Y., *Les Nouvelles Politiques de l'emploi*, La Découverte, « Repères », Paris, 2006.

# V / Un développement soutenable ?

*Jean-Paul Deléage**

La définition du développement soutenable le plus souvent citée est une de celles qui figurent dans le rapport Brundtland, *Notre avenir à tous* : « Un développement qui répond aux besoins du présent sans compromettre la capacité des générations futures de répondre aux leurs [1]. » Cette définition est une sorte d'énigme. Comment allons-nous faire, en effet, pour accroître le bien-être de la population mondiale, lutter vraiment contre les inégalités sociales et sauvegarder la dynamique évolutive de la biosphère, seul habitat connu et possible à ce jour pour l'humanité qui compte aujourd'hui 6,5 milliards d'habitants ? Quels peuvent être les objectifs, les modalités, les politiques, les instruments pour ce faire ? Le moins que l'on puisse dire est que les avis divergent, la concurrence est rude et grosse de conflits politiques majeurs à propos de cette idée de développement soutenable.

## Une notion politique

Le développement soutenable apparaît d'abord comme une notion politique. Elle prend place dans un débat vieux pour le moins d'une trentaine d'années et qui s'est ouvert après ce qui a été appelé, à la suite de Jean Fourastié, les Trente Glorieuses. Il s'agissait

---

* Jean-Paul Deléage, historien des sciences de l'environnement, est professeur émérite à l'université d'Orléans et directeur de la revue *Écologie & Politique*.

1. Franck-Dominique Vivien, *Le Développement soutenable*, La Découverte, « Repères », Paris, 2005.

d'une période de bouleversement social et économique intervenu entre les années 1945 et 1975, unique à plus d'un titre dans l'histoire du capitalisme. Unique par sa durée et l'ampleur de ses rythmes de croissance, son chômage faible, l'essor de la production et de la consommation de masse, du moins dans les pays anciennement industrialisés. Les questions d'environnement n'apparaissent alors que comme le revers inévitable de cette médaille. On peut dire qu'elles émergent en 1972 à travers deux événements.

Le premier est le rapport remis au Club de Rome sous le titre *Les Limites de la croissance*. Rappelons que le Club de Rome a été créé en 1968 à l'initiative de l'industriel Aurelio Peccei et du directeur des affaires scientifiques de l'OCDE Alexander King. Il s'agit d'un groupe d'experts d'une centaine de membres cooptés, issus des milieux d'affaires, de la science et de la diplomatie, groupe rapidement accusé de promouvoir une idéologie technocratique et malthusienne. Notons que ces idées sont immédiatement reprises dans un livre écrit par l'équipe de la revue britannique *The Ecologist* dirigée par Edward Goldsmith.

Le second événement est la conférence de Stockholm de juin 1972, première conférence des Nations unies sur l'homme et son milieu et dont le slogan officiel est simple : « Une seule Terre ! » Malgré ce beau slogan, l'unité de la planète n'est pas au rendez-vous. Nous sommes en pleine guerre du Vietnam et, lors de son discours d'inauguration, le Premier ministre social-démocrate suédois Olof Palme vise indirectement les États-Unis qui y font un usage massif de défoliants. L'une des questions fondamentales de cette conférence est la confrontation entre développement et environnement. Notons l'absence de l'URSS et de certains de ses alliés, du fait notamment de la non-reconnaissance de l'Allemagne de l'Est. Outre la déclaration finale, la décision est prise de créer une agence nouvelle de l'ONU, en charge des questions d'environnement, le PNUE, Programme des Nations unies pour l'environnement. Soulignons encore une très importante mobilisation des ONG, peut-être la première à cette échelle dans l'Histoire. Leur slogan « Un seul Peuple ! » répond au slogan officiel de la Conférence : « Une seule Terre ! » C'est le PNUE qui a préparé le rapport Brundtland pour le sommet de la Terre de Rio en 1992.

## La conférence de Rio

La conférence de Rio avait proposé le rêve suivant : un monde divers et sans inégalités, dans un lien harmonieux avec la nature, où l'innovation écologique se diffuserait sans entraves pour les générations présentes et sans mettre en péril la vie des générations futures. Depuis, les conférences aux annonces ambitieuses et les conventions de faible portée pratique se sont multipliées, mais la planète continue de céder sous les coups que lui assènent les civilisations humaines, en particulier celles qui sont portées par les taux de croissance économique les plus élevés. Les données sont accablantes, en particulier celles qui concernent l'effondrement de la biodiversité et le réchauffement climatique en cours [2]. La préparation de la conférence de Johannesburg, vingt ans après celle de Rio, marque l'écroulement du rêve avec le tragique aveu d'impuissance de la communauté internationale soumise aux visées à courte vue de l'*imperium* américain et à la montée en puissance de grands empires industriels et financiers avant tout préoccupés de la pérennité de leur propre développement.

Septembre 2002. La décennie qui précède le second sommet mondial de la Planète n'a été en rien le début du règne de la paix verte (*greenpeace*) sur Terre. C'est au contraire le fracas des attentats du 11 Septembre qui a marqué l'entrée de l'humanité dans le nouveau siècle. Ils ont porté un coup dramatique à l'idée même de développement soutenable, tout en apportant la preuve que le capitalisme globalisé, incluant les pays anciennement développés (États-Unis et Union européenne) et les grands pays émergents (Chine, Inde, Brésil), est un géant universel ; mais un géant aux pieds d'argile, fragilisé par la vulnérabilité de ses installations nucléaires, sa dépendance à l'égard des immenses réserves d'hydrocarbures des régions du Golfe persique et d'Asie centrale, la violence avec laquelle il détruit l'écosystème mondial et dont les modes de vie tendent à dévaloriser cultures et civilisations millénaires. Cette situation légitime les craintes et les refus qu'engendrent les formes dominantes de la globalisation de l'économie et de la politique mondiales.

Le constat est patent que les conventions internationales d'environnement ont surtout œuvré dans le sens d'un accroissement de

---

2. *Écologie & Politique*, « La biodiversité est-elle encore naturelle ? », n° 30, 2005 ; *Écologie & Politique*, « Réchauffement climatique : de la recherche à l'engagement collectif », n° 33, 2006.

la tension entre pays riches et pays pauvres. On ne saurait désormais établir facilement de hiérarchie dans les calamités écologiques qui ravagent notre monde, tant leur liste est longue et les coups portés à la biosphère violents. Mais le fléau est aussi social et culturel : l'autisme de nos sociétés protégées devant la dégradation du monde et la misère de la majorité de ses habitants ainsi que l'illusion mortelle selon laquelle une croissance économique hors contrôle serait la condition ultime du sauvetage d'un navire qui a déjà commencé sa plongée vers les abîmes. Non qu'il faille douter des progrès étonnants de notre capacité à connaître le monde ou de notre inventivité technique, bien au contraire. Ce dont il s'agit aujourd'hui, c'est de l'urgence de l'inversion des valeurs sous-jacentes à l'agir humain, structurellement orienté par les seules forces du marché.

## Progrès et développement soutenable

Il y a de l'hypocrisie dans la notion de développement soutenable, voire durable. C'est bien pourquoi elle semble si allègrement convenir aujourd'hui à tous les esprits, de droite comme de gauche, même à ceux qui s'en réclament comme d'un vœu pieux pour en faire leur commerce et leurs profits. Il suffit, en effet, de voir ce que la formule dénonce — l'idée d'un développement non durable ou non soutenable — pour en percevoir toutes les contradictions. « Durable », traduction (ou interprétation) européenne de la notion première, anglo-saxonne, de « soutenable », comporte au moins deux sens : qui se maintient (ce qui dure ne change pas) et qui continue ou perdure (pas d'arrêt, c'est voué à se prolonger indéfiniment). Or qu'est-ce qui n'est pas durable (ou soutenable) ? C'est bien le développement tel que nous l'avons pratiqué jusqu'à maintenant et continuons de le pratiquer en feignant de croire que les choses peuvent continuer en l'état malgré tous les signaux qui s'accumulent confirmant que, précisément, cela ne peut pas se maintenir et/ou que le processus peut s'interrompre et même s'achever [3].

Faut-il renoncer au mot « développement » qui en est venu, effectivement, à incarner le modèle de croissance économique dont les pays occidentaux ont été les pionniers, depuis la révolution

3. Jean-Jacques Salomon, « L'impérialisme du progrès », *Écologie & Politique*, n° 31, 2005, p. 137-148.

scientifique du XVIIe siècle et à plus forte raison depuis la révolution industrielle du XVIIIe siècle ? La notion de développement a une source biologique (évolution caractérisée par une croissance, extension, augmentation) au sens où l'embryon débouche sur l'animal ou l'homme comme la chrysalide sur le papillon, et cette source a elle-même irrigué les interprétations et dérivations historiques de l'évolution humaine (techniques, économiques, philosophiques) jusqu'à passer pour la clé de l'évolution des cultures et des civilisations : la marche irrépressible vers le mieux.

Comme l'a montré Jean-Jacques Salomon dans sa critique de l'impérialisme du progrès, « il s'agit toujours d'un trajet et même d'une trajectoire qui doit mener d'un état de moins à un état de plus : la notion de développement est à ce point rattachée à toute l'histoire de l'Occident (celle de l'Europe, pour commencer) qu'il est difficile, voire impossible, de la dissocier de la notion de progrès. La notion de développement apparaît plus neutre que celle de progrès, elle est tout autant messianique au sens où l'on sort des limbes vers la civilisation, ou encore où l'on tourne le dos aux primitifs et aux sauvages pour accéder aux sociétés où règnent le droit, la raison ainsi que les vertus de la démocratie. C'est pourtant ainsi que la notion de progrès a pollué la notion du développement : l'impérialisme de la notion a imposé sa marque grâce, d'une part, à l'accroissement des connaissances (l'homme qui, pour reprendre la métaphore de Bernard de Chartres, grimpe sur les épaules de ses prédécesseurs pour voir mieux et plus loin) et, d'autre part, grâce aux acquis constamment renouvelés du processus industriel (la machine qui, suivant Marx, produit à son tour des machines, de sorte que "la routine scientifique détermine un développement qui n'a plus d'autres limites que celles des matières premières et des débouchés") [4] ». Et elle a pollué, science aidant, en particulier celle des statistiques, en la présentant comme une réalité mesurable et mesurée : le développement, long chemin qui mène de la tradition à la modernité, des origines de l'humanité à toutes les étapes ultérieures de son évolution, se mesure en fait à la croissance du PIB, le produit intérieur brut, par quoi les organisations internationales et les instituts nationaux (OCDE, Banque mondiale, agences diverses des Nations unies, comptabilités nationales, etc.) quantifient la manière dont les uns progressent et les autres stagnent, voire régressent.

4. Jean-Jacques Salomon, 2005, *op. cit.*

## L'approche économique est insuffisante

De ce point de vue, nous sommes tout à fait fondés à dénoncer la logique économico-technique qui imprègne de part en part la notion de développement. On le voit bien dans la distinction entre pays développés et pays sous-développés : comme chacun sait, cette formule a eu si mauvaise presse qu'on parle plutôt aujourd'hui de pays en voie de développement, ce qui montre bien que, dans le trajet qui mène « au niveau » où nous en sommes arrivés, nous autres les pays industrialisés et donc développés, ils sont, eux, engagés sur un chemin ou une pente qui n'est qu'un ou deux premiers pas vers le « développement ». Formule d'autant plus hypocrite que la catégorie artificielle des pays « en voie de... » comprend des pays dont le niveau de développement peut être aussi différent que sont, par exemple, le Pérou et le Cambodge ou la Mauritanie et le Paraguay (parmi lesquels on a fini par introduire des catégories nouvelles, les pays les moins avancés, sans parler des pays de l'Est, hier industrialisés, et que l'effondrement en chaîne des régimes communistes a transformés en « nouveaux » pays en développement). Reste aussi la catégorie des pays émergents — la Chine, atelier du monde, l'Inde, bureau du monde et le Brésil, ferme du monde — qui approchent vaillamment du sommet du haut duquel nous commençons à craindre leur concurrence et l'hospitalité qu'ils offrent à nos entreprises en voie de délocalisation...

Les problèmes d'encombrement et de pollution que les villes ont connus du temps de la circulation à cheval n'étaient pas à l'échelle de ceux que soulèvent aujourd'hui les mégacités, dont les systèmes de gestion, de chauffage ou de climatisation, à plus forte raison de transports, contribuent au réchauffement de la planète — sans parler du fait que l'urbanisation galopante est source de violences et de menaces d'explosions civiles : c'est dans le contexte urbain que la fabrique sociale est aujourd'hui la plus vulnérable en raison même de l'asymétrie croissante entre privilégiés et exclus.

Désormais cependant l'enjeu véritable n'est pas tant de « dépasser » le développement que de prendre acte — et d'urgence — de tout ce qui le rend précisément ni durable ni soutenable sous peine de catastrophe collective. Et cette prise de conscience, cette résolution, commence bien entendu par une réflexion critique sur l'impérialisme de la notion de progrès en termes vulgairement économiques, en particulier sur les limites des comparaisons que fonde la mesure du PIB. Ce ne sont là que des indicateurs : ils marquent assurément les additions (ou les soustractions) dont témoigne la balance des échanges, mais ils ne rendent d'aucune manière compte de ce qui peut témoigner de la qualité de la vie ou de son absence, à tout le moins des spécificités et des héritages culturels qui n'ont plus rien à voir avec l'évaluation et le calcul statistique.

Plus grave et plus actuel encore, derrière cet impérialisme de la notion de progrès, il y a précisément tous les effets délétères et menaces graves et spécifiques du processus d'industrialisation contemporain : éradication des paysanneries du monde entier, urbanisation littéralement forcenée, aliénations et exclusions sociales, inégalités et asymétries entre sociétés ou nations, qu'exacerbent désormais les lourdes menaces pesant sur l'environnement planétaire global. Il y a plus d'un quart de siècle, les économistes s'interrogeaient déjà sur les moyens de mettre au point des « indicateurs sociaux » capables de rendre compte de ce qui, au-delà ou en deçà des mesures disponibles en termes de PIB, permettrait de mieux évaluer et comparer d'un pays à l'autre ce qui définit l'art de vivre en société. Aujourd'hui, comme un rappel à l'ordre des réalités naturelles et non plus seulement sociales, les limites du progrès s'incarnent dans les mesures et les analyses scientifiques qui confirment de jour en jour la réalité de l'effet de serre, du réchauffement du climat, des perturbations environnementales liées au processus d'industrialisation.

## Problèmes écologiques et contradictions politiques s'emballent

Les gaz à effet de serre, dioxyde de carbone, méthane, etc., ont certes des sources naturelles, mais l'emballement planétaire du processus d'industrialisation entraîne un réchauffement général dont les effets promettent d'être redoutables dès ce siècle. À supposer que les grands pays en développement que sont la Chine, l'Inde ou le Brésil s'industrialisent au même rythme et à la même échelle que les pays actuellement les plus industrialisés, avec des parcs automobiles, des centrales électriques et des usines rivalisant en nombre avec les nôtres — et le scénario chinois est de plus en plus probable dans le quart de siècle à venir —, il est évident que le développement ne sera ni soutenable ni durable, entraînant du même coup non seulement des distorsions sans commun rapport avec les asymétries et inégalités actuelles, mais encore des transformations radicales menaçant la survie même d'une grande partie de l'humanité. On s'est battu naguère encore pour la conquête de territoires, on se battra demain pour l'accès à l'eau et à l'air.

De plus, et c'est l'ironie même ou la dérision du progrès, on peut déjà apprécier le réflexe contradictoire qui consiste — avec l'appui des gouvernements — à lutter contre cette menace par les moyens mêmes qui doivent l'accélérer et l'amplifier : pour répondre à la canicule, les pays industrialisés et déjà nombre de pays en développement climatisent à outrance, de sorte qu'ils aggravent le problème en croyant y échapper.

Les signaux de l'effet de serre émergent à peine des données fournies par les réseaux et systèmes d'observation météorologique, et le Groupe d'experts intergouvernemental sur l'évolution du climat (créé et patronné par l'ONU) comprend près de 3 000 spécialistes dont les alertes sont loin de convaincre et de mobiliser les esprits, à plus forte raison les autorités publiques. Où voit-on ce constat scientifique réellement pris en compte par les gouvernements en place ? Qui prend encore au sérieux de par le monde les accords de Kyoto auxquels les États-Unis, plus gros consommateurs d'énergie au monde, ont tourné le dos les premiers ? Rapports, livres, conférences et même plus récemment le film très bien documenté de l'ex-candidat à la présidence des États-Unis Al Gore, *Une vérité qui dérange*, ont fait abondamment le point sur le sujet : « La maison brûle et nous regardons ailleurs », avait déclaré le président Chirac à Johannesburg, ce qui ne l'empêche pas de regarder ailleurs, même si le regard de George W. Bush est encore plus étranger à l'idée de s'attaquer aux gigantesques défis du réchauffement de la planète.

Or la montée des périls ne peut que renforcer quant à ses effets l'accumulation des asymétries entre pays industrialisés et pays en développement. Deux sources évidentes se conjuguent pour confirmer cette tendance : la croissance démographique et l'évolution économique et technique. Tous les scénarios reviennent à montrer que, faute d'une démarche de l'humanité tout entière agissant globalement, on s'achemine vers le désastre. Et l'industrialisation accélérée — apparemment inéluctable — des plus grands pays en développement ne peut que contribuer à rendre plus difficiles les solutions envisageables pour la maîtrise d'un « développement durable ». D'autant plus que, dans le moyen terme, quel que soit le coût économique du changement de climat pour les pays industrialisés, il n'égalera pas le coût humain que les pays en développement auront à payer.

Le physicien André Lebeau, spécialiste en ces matières, puisque ancien directeur général de Météo France et président du CNES, a écrit sur la capacité de réaction de l'humanité à ce problème dont la nature, l'échelle et les répercussions possibles sont absolument sans précédent : « Nous n'avons ni expérience ni traditions sociopolitiques qui puissent nous aider à gérer nos relations avec un objet cosmique — la planète Terre — qu'on ne saurait ni menacer ni entraîner dans des compromis, avec lequel on ne peut ni biaiser ni négocier. La plupart des institutions et des traités internationaux ont été conçus soit pour traiter, par d'autres moyens que la guerre, des conflits qui agitent l'humanité, soit pour prévenir ou combattre les effets de catastrophes locales [...]. D'où l'écartèlement inévitable entre ce que requiert la préservation des intérêts planétaires et ce qu'on appelle la défense des intérêts particuliers du groupe ou de la nation [5]. »

Peut-être tout simplement, de même que nous oublions l'échelle de temps propre aux changements climatiques dont la Terre a témoigné, omettons-nous de voir que dans tout processus de développement il y un début et une fin. De l'embryon à l'âge adulte, le terme véritable du vivant, c'est aussi la mort. Et il est significatif que l'essor de l'industrialisation ait coïncidé avec la formulation des lois de la thermodynamique, donc avec le timide début de la prise de conscience des limites qu'elle assigne à tout développement. L'histoire de l'humanité est après tout très récente par rapport à celle de la Terre, à plus forte raison de l'Univers, pourquoi faudrait-il qu'elle soit éternelle ? La Terre en tant que planète peut certes survivre à bien des cataclysmes mais, pour les civilisations, la partie n'a jamais été jouée à l'avance ni surtout gagnée au terme.

Paul Valéry avait écrit naguère que les civilisations sont mortelles par l'épuisement de leurs ressorts, les signaux multiples qui nous arrivent de l'espace engagent à penser que ce serait plutôt par la surabondance de leurs produits : épuisement des ressources fossiles, réduction de la biodiversité, accroissement de la consommation d'énergie et pression démographique, cette conjonction ne peut conduire qu'à des scénarios de rupture dont nous n'avons pas idée, mais dont nous refusons de tirer séance tenante les conséquences.

---

5. André Lebeau, *L'Engrenage de la technique, essai sur une menace planétaire*, Gallimard, Paris, 2005.

## Demain, la décroissance ?

Nous assistons aujourd'hui à ce paradoxe troublant. Une partie importante de l'opinion attribue à la science et à la technique, réorganisées au sein du complexe technico-scientifique, une responsabilité majeure dans la dégradation de la biosphère au moment même où la recherche scientifique ne cesse de progresser, et non seulement nous alerte sur les modalités de cette dégradation, mais aussi sur les possibilités rationnelles d'y remédier. Certains chercheurs en ont tiré des conclusions radicales contre le concept même de développement et ont élargi leur critique à celui de développement soutenable qu'ils analysent comme un oxymore et qu'ils assimilent dans leur critique radicale au concept de croissance.

Radicalisant à leur tour le débat politique qui entoure la notion de développement soutenable, certains mouvements, encouragés par des économistes comme Serge Latouche en France, proposent de prendre le contre-pied de l'objectif de croissance et d'instaurer à sa place celui d'une décroissance. De vives controverses se développent au sein même des partisans de la décroissance. Ainsi, Serge Latouche rejette même l'idée de développement soutenable qu'il considère comme un « concept alibi », le dernier gadget idéologique de l'Occident. Il s'agit de lui substituer celui d'une décroissance durable et conviviale. Il est difficile d'être convaincu de la pertinence de ces propositions, même si, à l'évidence, la décroissance doit s'imposer comme un impératif dans certains domaines des activités prédatrices de l'humanité (par exemple, l'usage des combustibles fossiles, la surpêche dans les grandes zones poissonneuses de l'océan mondial, etc.). En tout état de cause, il est indispensable d'assortir la notion de décroissance à des éléments d'analyse tels que ceux développés par Hermann Daly : le *Genuine Progress Indicator* (GPI) ou des indices comme l'empreinte écologique qui évalue la surface terrestre capable de supporter le mode de vie d'un individu (elle est actuellement de 4,5 hectares pour un « Européen moyen », alors qu'une égalité planétaire pour un mode de vie soutenable correspondrait à une empreinte écologique moyenne de 1,4 hectare par Terrien). On voit bien là l'insoutenabilité du rapport existant entre les sociétés humaines et leur habitat terrestre et la nécessité d'une inflexion radicale de ce rapport.

Tout cela nous rappelle qu'il a suffi de deux cents ans pour « rompre le cercle » de l'échange homme-nature (suivant l'heureuse expression de Barry Commoner) au sein duquel, grâce à la consommation de ressources renouvelables, la compatibilité écologique des espèces était assurée. Le puissant missile de la croissance, qui peut être résumé comme le rapport production/population, a désormais quitté son orbite terrestre et accélère sa course hors de tout contrôle. Il faut donc refermer le cercle, boucler à nouveau les cycles biogéochimiques. Mais comment ? Comment réaliser un développement soutenable ?

La règle générale à respecter selon les éco-éco (économistes-écologistes) est simple. Est soutenable un développement qui n'ampute pas de façon significative le patrimoine écologique terrestre. Autrement dit, la croissance économique, synonyme de dégradation des ressources de matière/énergie, ne doit pas excéder le taux de renouvellement des richesses environnementales. Comment espérer renouveler les ressources d'un système clos, c'est-à-dire qui échange seulement de l'énergie, mais pas de matière avec le reste de l'Univers ? Seule l'énergie solaire, dont nous n'utilisons qu'une infime fraction, est à l'origine de ce miracle de développement organique qu'est la vie. Grâce à cette énergie solaire et à des technologies appropriées, nous pouvons théoriquement utiliser et recycler l'ensemble des ressources de la croûte terrestre. Il est vrai que cette dernière est finie et donc limitée : mais, franchement, notre amour pour les générations futures, c'est-à-dire nos descendants, a aussi ses limites.

Ce constat conduit dans l'immédiat à cette évidence : croissance ou développement, peu importe ici le mot, doivent être soumis à un sérieux régime de sobriété défini par les limites de nos capacités à utiliser la seule source d'énergie qui minimise l'épuisement des ressources et la pollution : l'énergie du Soleil. Concrètement, cela signifie : poursuivre le processus engagé de stabilisation de la population mondiale ; reconvertir les technologies à exploitation intensive de ressources non renouvelables à un usage économe des ressources primaires et au recyclage maximum des matériaux, en utilisant moins d'énergie et plus d'information, moins de muscle et plus d'intelligence, en dématérialisant et en miniaturisant ; décourager le gaspillage qui asphyxie les sociétés opulentes de la planète, celui des produits, mais aussi de l'espace et du temps, et encourager les activités culturelles, éducatives et sociales ; favoriser une redistribution massive des ressources financières et technologiques entre groupes sociaux, entre le Nord et le Sud. Au premier abord, tout cela paraît assez simple. En réalité, ces nouvelles règles investissent le cœur même du système au sein duquel nous vivons. En particulier, elles soulèvent, au moment même de son triomphe apparent, la question des limites du capitalisme globalisé. Une économie du développement soutenable est-elle compatible avec la force impétueuse du capitalisme mondialisé ? Quels nouveaux critères et quelles nouvelles règles seraient à même d'orienter une économie soutenable ? Et comment en évaluer correctement les coûts et les aménités ? Il s'agit là d'interrogations qui conduisent à d'autres questions majeures sur le terrain politique.

## Quelle politique globale ?

Ces différentes questions sont globales, elles se posent désormais à l'échelle mondiale et elles nous renvoient à la question de l'interdépendance des États qui composent la mosaïque du monde. Malheureusement, contrairement à la biosphère, le système politique mondial est encore à un niveau d'interdépendance assez faible. Comment faire pour le renforcer ? Et n'allons-nous pas devoir affronter des problèmes qui se présentent à nous pour la première fois dans l'histoire de l'humanité au moyen de quelque chose qui ressemblerait à un gouvernement mondial ?

Tout d'abord, à moins d'un sursaut politique à l'échelle planétaire et/ou d'un miracle provenant de découvertes et d'innovations scientifiques capables de changer radicalement la donne des conditions de notre développement, pas de doute : nous sommes dans l'erreur !

Ensuite, la question demeure quant aux possibilités et aux moyens de modifier les rapports sociaux et les représentations qui y sont liées. Mais aussi quant aux possibilités réelles d'un autre type de développement ou, si l'on préfère, de progrès social. Si les aspirations à changer le monde sont bien présentes dans les forums sociaux et plus généralement dans le mouvement altermondialiste, les voies à suivre restent peu évidentes. Ainsi, par exemple, la place du travail dans nos sociétés, la protection sociale, la nécessaire planification de l'usage des ressources naturelles à différentes échelles, le contrôle démocratique du changement technique constituent des chantiers d'avenir difficiles et encore peu, voire très peu avancés.

Enfin, et c'est le point le plus intéressant, à ce jour, nous disposons avec les diverses et contradictoires interprétations du développement soutenable, d'un large éventail d'objectifs qui vont du soutien à la croissance/accumulation du capital, vert évidemment, et aujourd'hui dominant, à l'idée de ce que plusieurs auteurs ont désigné comme un socialisme écologique. Si l'on se situe dans cette dernière perspective, il faut ajouter, par simple honnêteté intellectuelle, que nous sommes bien loin encore d'un tel objectif. Dans cette situation quelque peu désespérante, la question du développement soutenable présente au moins le mérite de contraindre ceux et celles d'entre nous qui refusent d'accepter le monde tel qu'il est comme le meilleur des mondes possibles à un inventaire politique sérieux des raisons profondes des échecs répétés de toutes les révolutions du XXe siècle.

## Une contradiction féconde

Finalement, le principal mérite du développement soutenable est celui d'être une notion contradictoire, en perpétuel porte-à-faux. Le mot « développement » implique en lui-même la notion de durée. Cette notion est elle-même contraire avec le développement tel qu'il a été réalisé par le système capitaliste. Ce dernier ne connaît en effet que les impératifs de sa propre expansion, c'est-à-dire la recherche indéfinie et illimitée de nouveaux champs d'investissements profitables, avec si nécessaire la mise sur le marché de produits « verts » et le « marketing vert » qui le soutient. La roue de la fortune exige de tourner de plus en plus vite dans un déséquilibre permanent et tout ralentissement la menace de mort. Comment alors concilier ces contradictions avec la gravité extrême des problèmes écologiques ? Cette notion contradictoire de développement soutenable, cet oxymore, est une formidable incitation à la réflexion politique sur les limites du développement lui-même. Comment en effet assurer les conditions du soutenable et du durable sans oublier les exigences des limites ? Ces dernières récusent d'un côté la dynamique suicidaire du capitalisme. D'un autre côté sont aussi récusés les fantasmes de la *deep ecology* pour qui il faudrait attendre du présent que tout y soit sacrifié à l'avenir, y compris l'humain à la nature, puisque, pour l'écologie profonde, la nature peut bien se passer de l'homme, ce qui est d'ailleurs un simple truisme. Cette pensée intégriste n'est pas sans parenté avec les slogans de ceux qui exigeaient naguère des peuples tous les sacrifices pour des lendemains qui devaient chanter. La contradiction du développement soutenable est féconde car elle définit le sens profond de l'agir politique, c'est-à-dire l'art de négocier en permanence l'équilibre toujours précaire entre les impératifs du présent et les injonctions du futur.

## De nouveaux universaux

L'échec patent des grands administrateurs des affaires de la planète est un effet des évolutions structurelles des systèmes politiques dominants. En effet, les États sont en difficulté tout à la fois comme appareils politiques naguère maîtres de leur champ territorial particulier, et comme agents d'un système étatique censé contrôler l'ensemble du champ territorial. De ce dépérissement de l'État, bien éloigné de celui dont avait rêvé Marx au temps de la Commune, on peut retenir qu'il coïncide, d'une part, avec la mort de l'État westphalien en charge d'une double souveraineté : interne sur son territoire national et ses sujets, externe face à ses pairs ; d'autre part, avec la fin du compagnonnage historique entre État national et marché national qui a dominé toute l'histoire moderne de l'Europe. Fin dont un signe patent est la répétition des délocalisations décidées par les firmes transnationales et dont il ne reste plus, bien souvent, aux pouvoirs publics qu'à gérer les retombées sociales et écologiques, notamment lors de la fermeture des sites de production.

Prendre acte de cette situation, c'est comprendre la nécessité d'un changement paradigmatique en remettant en cause la double hégémonie du marché et des États. Le seul nouvel acteur pouvant assurer cette relégitimation du primat du politique sur l'économique est un acteur social, acteur que plusieurs auteurs ont désigné comme le peuple de la Terre [6], car c'est lui et lui seul qui est directement opposé à toutes les menaces planétaires, sociales et écologiques. Cette seconde société internationale donne une consistance politique aux théories des *global commons*, ces communaux, ces universaux de l'humanité que sont l'eau, l'air, les diversités biologiques et culturelles.

Encore dans l'enfance, cette société internationale donne une nouvelle consistance à la « onzième thèse » de Marx sur Feuerbach : il ne s'agit plus seulement de repenser le monde, mais de le transformer sous le double signe de l'urgence écologique et de la justice sociale. Rien de tout cela ne sera possible sans de longs et douloureux réajustements politiques, sans la volonté de renvoyer l'économie aujourd'hui dominante dans son lit (*bed*) comme l'avait proposé Karl Polanyi. Tel est l'objectif pratique vers lequel doivent tendre l'intelligence humaine de développement soutenable pour

---

6. Jean-Paul Deléage, « Paradoxes du développement durable », *Le Développement durable, une perspective pour le XXI^e^ siècle*, PUR, Rennes, 2003, p. 83-90.

notre propre survie et celle de la biosphère de la seule planète habitable dans les environs de notre étoile solaire. Objectif pratique qui ne va pas sans interrogations importantes pour toute communauté de recherche qui affronte la question du développement soutenable.

## Pour des communautés de recherche cosmopolitiques

La montée de l'exigence du développement soutenable renvoie les chercheurs à un défi redoutable, en l'absence inquiétante de perspectives dans un monde dont les frontières ainsi que les fondements politiques et écologiques sont profondément ébranlés. Les difficultés des chercheurs sont en partie liées à la vocation première et à l'histoire des institutions auxquelles ils appartiennent. Elles furent créées dans un monde où les idées de progrès indéfini, de primat de la politique gouvernementale sur l'économie nationale, de souveraineté absolue des sociétés sur la nature et d'identité territoriale constituaient des points cardinaux de la pensée. Or c'est aujourd'hui faire insulte à l'humanité, alors que tant de catastrophes sociales et écologiques se répètent, que de prétendre que la science et la technique enfermées dans leurs cadres anciens et combinées à l'habileté politique résoudront les problèmes qu'elles ont pour une bonne part elles-mêmes engendrés.

Seule une intelligence cosmopolitique peut répondre aux deux questions que soulève la notion de développement soutenable : comment les maîtres de l'économie mondialisée imposent-ils aux États les règles de leur propre activité ? Comment le système des États peut-il en retour redéfinir les règles du jeu « pour imposer au capital mondial un régime cosmopolitique [7] » ? Avec la notion ambiguë de développement soutenable, cette situation nouvelle ne peut être pensée que par des communautés de recherche cosmopolitiques. Cosmopolitiques, c'est-à-dire vivant sous une double patrie, citoyennes du *cosmos* de la *polis* comme le soutient Ulrich Beck. Tels sont les fondements nécessaires à la conscience cosmopolitique du monde à venir que seul peut porter un développement soutenable.

Comme le rappelle Marita von Beberstein Koch-Weser, on mettait au Moyen Âge plusieurs siècles à bâtir une cathédrale. Aux yeux de cette anthropologue, l'exemple illustre le principe du

7. Ulrich Beck, *Pouvoir et contre-pouvoir à l'ère de la mondialisation*, Aubier, Paris, 2003.

développement soutenable. L'image de la cathédrale indique aussi à quel point l'idée du développement durable, ou soutenable, doit s'inscrire dans une éthique et engage notre responsabilité pour la vie des générations futures sur Terre, notre maison commune.

### Repères bibliographiques

BECK U., *Pouvoir et contre-pouvoir à l'ère de la mondialisation*, Aubier, Paris, 2003.

DELÉAGE J.-P., « Paradoxes du développement durable », *Le Développement durable, Une perspective pour le XXIe siècle*, PUR, Rennes, 2003, p. 83-90.

*Écologie & Politique*, « La biodiversité est-elle encore naturelle ? », n° 30, 2005.

*Écologie & Politique*, « Réchauffement climatique : de la recherche à l'engagement collectif », n° 33, 2006.

LEBEAU A., *L'Engrenage de la technique, essai sur une menace planétaire*, Gallimard, Paris, 2005.

SALOMON J.-J., « L'impérialisme du progrès », *Écologie & Politique*, n° 31, 2005, p. 137-148.

VIVIEN F.-D., *Le Développement soutenable*, La Découverte, « Repères », Paris, 2005.

# Table des matières

Collection

# R E P È R E S

*créée par*

MICHEL FREYSSENET et OLIVIER PASTRÉ (en 1983),

*dirigée par*

JEAN-PAUL PIRIOU (de 1987 à 2004), *puis par* PASCAL COMBEMALE,

*avec* STÉPHANE BEAUD, ANDRÉ CARTAPANIS, BERNARD COLASSE, FRANÇOISE DREYFUS, YANNICK L'HORTY, PHILIPPE LORINO, DOMINIQUE MERLLIÉ, MICHEL RAINELLI et YVES WINKIN.

## ÉCONOMIE

**Aide publique au développement (L')**, n° 476, Olivier Charnoz et Jean-Michel Severino.
**Allocation universelle (L')**, n° 412, Philippe Van Parijs et Yannick Vanderborght.

**Balance des paiements (La)**, n° 359, Marc Raffinot et Baptiste Venet.

**Bourse (La)**, n° 317, Daniel Goyeau et Amine Tarazi.

**Budget de l'État (Le)**, n° 33, Maurice Baslé.

**Calcul économique (Le)**, n° 89, Bernard Walliser.

**Capitalisme financier (Le)**, n° 356, Laurent Batsch.

**Capitalisme historique (Le)**, n° 29, Immanuel Wallerstein.

**Chômage (Le)**, n° 22, Jacques Freyssinet.

**Commerce international (Le)**, n° 65, Michel Rainelli.

**Comptabilité nationale (La)**, n° 57, Jean-Paul Piriou.

**Concurrence imparfaite (La)**, n° 146, Jean Gabszewicz.

**Consommation des Français (La)** :
**1.** n° 279 ;
**2.** n° 280, Nicolas Herpin et Daniel Verger.

**Contrat de travail (Le)**, n° 505, CEE.

**Coût du travail et emploi**, n° 241, Jérôme Gautié.

**Croissance, emploi et développement.** *Les grandes questions économiques et sociales I*, n° 488, J.-P. Deléage, J. Gautié, B. Gazier, D. Guellec, Y. L'Horty et J.-P. Piriou.

**Croissance et richesse des nations**, n° 419, Pascal Petit.

**Démographie (La)**, n° 105, Jacques Vallin.

**Déséquilibres financiers internationaux (Les)**, n° 491, Anton Brender et Florence Pisani.

**Dette des tiers mondes (La)**, n° 136, Marc Raffinot.

**Développement soutenable (Le)**, n° 425, Franck-Dominique Vivien.

**Développement économique de l'Asie orientale (Le)**, n° 172, Éric Bouteiller et Michel Fouquin.

**Différenciation des produits (La)**, n° 470, Jean Gabszewicz.

**Dilemme du prisonnier (Le)**, n° 451, Nicolas Eber.

**Économie bancaire**, n° 268, Laurence Scialom.

**Économie britannique depuis 1945 (L')**, n° 111, Véronique Riches.

**Économie de l'Afrique (L')**, n° 117, Philippe Hugon.

**Économie de l'éducation**, n° 409, Marc Gurgand.

**Économie de l'environnement (L')**, n° 252, Pierre Bontems et Gilles Rotillon.

**Économie de l'euro**, n° 336, Agnès Benassy-Quéré et Benoît Cœuré.

**Économie de l'innovation**, n° 259, Dominique Guellec.

**Économie de la Chine (L')**, n° 378, Françoise Lemoine.

**Économie de la connaissance (L')**, n° 302, Dominique Foray.

**Économie de la culture (L')**, n° 192, Françoise Benhamou.

**Économie de la distribution**, n° 372, Marie-Laure Allain et Claire Chambolle.

**Économie de la drogue**, n° 213, Pierre Kopp.

**Économie de la firme**, n° 361, Bernard Baudry.

**Économie de la propriété intellectuelle**, n° 375, François Lévêque et Yann Ménière.

**Économie de la qualité**, n° 390, Bénédicte Coestier et Stéphan Marette.

**Économie de la réglementation (L')**, n° 238, François Lévêque.

**Économie de la RFA (L')**, n° 77, Magali Demotes-Mainard.

**Économie de la Russie (L')**, n° 436, François Benaroya.

**Économie de l'Inde (L')**, n° 443, Jean-Joseph Boillot.

**Économie des changements climatiques**, n° 414, Sylvie Faucheux et Haitham Joumni.

**Économie des coûts de transaction**, n° 407, Stéphane Saussier et Anne Yvrande-Billon.

**Économie des États-Unis (L')**, n° 341, Hélène Baudchon et Monique Fouet.

**Économie des fusions et acquisitions**, n° 362, Nathalie Coutinet et Dominique Sagot-Duvauroux.

**Économie des inégalités (L')**, n° 216, Thomas Piketty.

**Économie des logiciels**, n° 381, François Horn.

**Économie des organisations (L')**, n° 86, Claude Menard.

**Économie des relations interentreprises (L')**, n° 165, Bernard Baudry.

**Économie des réseaux**, n° 293, Nicolas Curien.

**Économie des ressources humaines**, n° 271, François Stankiewicz.

**Économie des ressources naturelles**, n° 406, Gilles Rotillon.

**Économie du droit**, n° 261, Thierry Kirat.

**Économie du Japon (L')**, n° 235, Évelyne Dourille-Feer.

**Économie du risque pays**, n° 421, Nicolas Meunier et Tania Sollogoub.

**Économie du sport (L')**, n° 309, Jean-François Bourg et Jean-Jacques Gouguet.

## SOCIOLOGIE

**Sociologie de l'immigration**, nº 364, Andrea Rea et Maryse Tripier.

**Sociologie de l'organisation sportive**, nº 281, William Gasparini.

**Sociologie de la bourgeoisie**, nº 294, Michel Pinçon et Monique Pinçon-Charlot.

**Sociologie de la consommation**, nº 319, Nicolas Herpin.

**Sociologie de la famille**, nº 494, Jean-Hugues Déchaux.

**Sociologie de la lecture**, nº 376, Chantal Horellou-Lafarge et Monique Segré.

**Sociologie de la négociation**, nº 350, Reynald Bourque et Christian Thuderoz.

**Sociologie de la prison**, nº 318, Philippe Combessie.

**Sociologie de Marx (La)**, nº 173, Jean-Pierre Durand.

**Sociologie de Max Weber (La)**, nº 452, Catherine Colliot-Thélène.

**Sociologie de Norbert Elias (La)**, nº 233, Nathalie Heinich.

**Sociologie de Paris**, nº 400, Michel Pinçon et Monique Pinçon-Charlot.

**Sociologie des cadres**, nº 290, Paul Bouffartigue et Charles Gadea.

**Sociologie des changements sociaux (La)**, nº 440, Alexis Trémoulinas.

**Sociologie des chômeurs**, nº 173, Didier Demazière.

**Sociologie des classes moyennes**, nº 515, Serge Bosc.

**Sociologie des comportements sexuels**, nº 221, Maryse Jaspard.

**Sociologie des employés**, nº 142, Alain Chenu.

**Sociologie des entreprises**, nº 210, Christian Thuderoz.

**Sociologie des mouvements sociaux**, nº 207, Erik Neveu.

**Sociologie des organisations**, nº 249, Lusin Bagla.

**Sociologie des pratiques culturelles**, nº 418, Philippe Coulangeon.

**Sociologie des publics**, nº 366, Jean-Pierre Esquenazi.

**Sociologie des relations professionnelles**, nº 186, Michel Lallement.

**Sociologie des réseaux sociaux**, nº 398, Pierre Mercklé.

**Sociologie des syndicats**, nº 304, Dominique Andolfatto et Dominique Labbé.

**Sociologie des villes**, nº 331, Yankel Fijalkow.

**Sociologie du crime (La)**, nº 435, Philippe Robert.

**Sociologie du droit**, nº 282, Évelyne Séverin.

**Sociologie du sida**, nº 355, Claude Thiaudière.

**Sociologie du sport**, nº 164, Jacques Defrance.

**Sociologie du travail (La)**, nº 257, Sabine Erbès-Seguin.

**Sociologie économique (La)**, nº 274, Philippe Steiner.

**Sociologie et anthropologie de Marcel Mauss**, nº 360, Camille Tarot.

**Sondages d'opinion (Les)**, nº 38, Hélène Meynaud et Denis Duclos.

**Syndicalisme enseignant (Le)**, nº 212, Bertrand Geay.

**Système des inégalités (Le)**, nº 511, Alain Bihr et Roland Pfefferkorn.

**Système éducatif (Le)**, nº 131, Maria Vasconcellos.

**Théories sociologiques de la famille (Les)**, nº 236, Catherine Cicchelli-Pugeault et Vincenzo Cicchelli.

**Travail et emploi des femmes**, nº 287, Margaret Maruani.

**Travailleurs sociaux (Les)**, nº 23, Jacques Ion et Bertrand Ravon.

**Universitaires (Les)**, nº 513, Christine Musselin.

**Urbanisme (L')**, nº 96, Jean-François Tribillon.

**Violences contre les femmes (Les)**, nº 424, Maryse Jaspard.

## SCIENCES POLITIQUES-DROIT

**Aménagement du territoire (L')**, nº 176, Nicole de Montricher.

**Collectivités locales (Les)**, nº 242, Jacques Hardy.

**Constitutions françaises (Les)**, nº 184, Olivier Le Cour Grandmaison.

**Construction européenne (La)**, nº 326, Guillaume Courty et Guillaume Devin.

**Décentralisation (La)**, nº 44, Xavier Greffe.

**DOM-TOM (Les)**, nº 151, Gérard Belorgey et Geneviève Bertrand.

**Droit du travail (Le)**, nº 230, Michèle Bonnechère.

**Droit international humanitaire (Le)**, nº 196, Patricia Buirette et Philippe Lagrange.

**Droit pénal**, nº 225, Cécile Barberger.

**Droits de l'homme (Les)**, nº 333, Danièle Lochak.

**Économie politique internationale**, nº 367, Christian Chavagneux.

**Évaluation des politiques publiques (L')**, nº 329, Bernard Perret.

**Femmes en politique**, nº 455, Catherine Achin et Sandrine Lévêque.

**Fonction publique (La)**, nº 189, Luc Rouban.

**Gouvernance de la mondialisation (La)**, nº 403, Jean-Christophe Graz.

**Groupes d'intérêt (Les)**, nº 453, Guillaume Courty.

**Histoire de l'administration**, nº 177, Yves Thomas.

**Histoire des idées politiques en France au XIXe siècle**, nº 243, Jérôme Grondeux.

**Histoire des idées socialistes**, nº 223, Noëlline Castagnez.

**Histoire du Parti communiste français**, nº 269, Yves Santamaria.

**Introduction à Castoriadis**, nº 471, Jean-Louis Prat.

**Introduction à la philosophie politique**, nº 197, Christian Ruby.

**Introduction à Marx**, nº 467, Pascal Combemale.

**Introduction au *common law***, nº 514, Pierre Legrand et Geoffrey Samuel.

**Introduction au droit**, nº 156, Michèle Bonnechère.

**Islam (L')**, nº 82, Anne-Marie Delcambre.

**Justice en France (La)**, nº 116, Dominique Vernier.

**Notion de société civile (La)**, nº 482, Gautier Pirotte.

**Nouvelle Constitution européenne (La)**, nº 380, Jacques Ziller.

**ONG (Les)**, nº 386, Philippe Ryfman.

**ONU (L')**, nº 145, Maurice Bertrand.

**Philosophie de Marx (La)**, nº 124, Étienne Balibar.

**Politique de la famille (La)**, n° 352, Jacques Commaille, Pierre Strobel et Michel Villac.

**Postcommunisme en Europe (Le)**, n° 266, François Bafoil.

**Régime politique de la Ve République (Le)**, n° 253, Bastien François.

**Régimes politiques (Les)**, n° 244, Arlette Heymann-Doat.

**Socialisme libéral (Le)**, n° 466, Serge Audier.

**Sociologie de la communication politique**, n° 493, Philippe Riutort.

**Sociologie de la vie politique française**, n° 402, Michel Offerlé.

**Sociologie des finances publiques**, n° 481, Marc Leroy.

**Sociologie des relations internationales**, n° 335, Guillaume Devin.

**Sociologie du phénomène Le Pen**, n° 428, Jacques Le Bohec.

**Sociologie historique du politique**, n° 209, Yves Déloye.

**Syndicalisme en France depuis 1945 (Le)**, n° 143, René Mouriaux.

**Système pénal (Le)**, n° 516, Jean-Paul Jean.

**Théories de la république (Les)**, n° 399, Serge Audier.

**Théories du choix révolutionnaire (Les)**, n° 506, Tarik Tazdaït et Rabia Nessah.

**Union européenne (L')**, n° 170, Jacques Léonard et Christian Hen.

**Utopies et utopistes**, n° 484, Thierry Paquot.

**Valeurs et cultures en Europe**, n° 501, Olivier Galland et Yannick Lemel.

## HISTOIRE

**Affaire Dreyfus (L')**, n° 141, Vincent Duclert.

**Archives (Les)**, n° 324, Sophie Cœuré et Vincent Duclert.

**Catholiques en France depuis 1815 (Les)**, n° 219, Denis Pelletier.

**Chronologie de la France au XXe siècle**, n° 286, Catherine Fhima.

**État et les cultes (L').** *1789-1905-2005*, n° 434, Jacqueline Lalouette.

**Franc-maçonneries (Les)**, n° 397, Sébastien Galceran.

**Front populaire (Le)**, n° 342, Frédéric Monier.

**Guerre froide (La)**, n° 351, Stanislas Jeannesson.

**Harkis (Les)**, n° 442, Tom Charbit.

**Histoire de l'Algérie coloniale, 1830-1954**, n° 102, Benjamin Stora.

**Histoire de l'Algérie depuis l'indépendance, 1. 1962-1988**, n° 316, Benjamin Stora.

**Histoire de l'immigration**, n° 327, Marie-Claude Blanc-Chaléard.

**Histoire de l'URSS**, n° 150, Sabine Dullin.

**Histoire de la guerre d'Algérie, 1954-1962**, n° 115, Benjamin Stora.

**Histoire de la Turquie contemporaine**, n° 387, Hamit Bozarslan.

**Histoire des États-Unis depuis 1945 (L')**, n° 104, Jacques Portes.

**Histoire des sciences biomédicales**, n° 465, Jean-Paul Gaudillière.

**Histoire du féminisme**, n° 338, Michèle Riot-Sarcey.

**Histoire du Maroc depuis l'indépendance**, n° 346, Pierre Vermeren.

**Histoire du parti socialiste**, n° 222, Jacques Kergoat.

**Histoire du radicalisme**, n° 139, Gérard Baal.

**Histoire en France (L')**, n° 84, Collectif.

**Histoire politique de la IIIe République**, n° 272, Gilles Candar.

**Histoire politique de la IVe République**, n° 299, Éric Duhamel.

**Introduction à la socio-histoire**, n° 437, Gérard Noiriel.

**Introduction à l'histoire de la France au XXe siècle**, n° 285, Christophe Prochasson.

**Judaïsme (Le)**, n° 203, Régine Azria.

**Mai 68**, n° 512, Boris Gobille.

**Méthodes quantitatives pour l'historien**, n° 507, Claire Lemercier et Claire Zalc.

**Pierre Mendès France**, n° 157, Jean-Louis Rizzo.

**Politique étrangère de la France depuis 1945 (La)**, n° 217, Frédéric Bozo.

**Protestants en France depuis 1789 (Les)**, n° 273, Rémi Fabre.

**Question nationale au XIXe siècle (La)**, n° 214, Patrick Cabanel.

**Régime de Vichy (Le)**, n° 206, Marc Olivier Baruch.

**Santé au travail (La)**, n° 438, S. Buzzi, J.-C. Devinck et P.-A. Rosental.

## GESTION

**Analyse financière de l'entreprise (L')**, n° 153, Bernard Colasse.

**Audit (L')**, n° 383, Stéphanie Thiéry-Dubuisson.

**Calcul des coûts dans les organisations (Le)**, n° 181, Pierre Mévellec.

**Capital-risque (Le)**, n° 445, Emmanuelle Dubocage et Dorothée Rivaud-Danset.

**Comptabilité anglo-saxonne (La)**, n° 201, Peter Walton.

**Comptabilité en perspective (La)**, n° 119, Michel Capron.

**Contrôle budgétaire (Le)**, n° 340, Nicolas Berland.

**Contrôle de gestion (Le)**, n° 227, Alain Burlaud et Claude J. Simon.

**Culture d'entreprise (La)**, n° 410, Éric Godelier.

**Éthique dans les entreprises (L')**, n° 263, Samuel Mercier.

**Fondements de la comptabilité (Les)**, n° 485, Bernard Colasse.

**Gestion des ressources humaines (La)**, n° 415, Anne Dietrich et Frédérique Pigeyre.

**Gestion financière de l'entreprise (La)**, n° 183, Christian Pierrat.

**Gestion prévisionnelle des ressources humaines (La)**, n° 446, Patrick Gilbert.

**Gouvernance de l'entreprise (La)**, n° 358, Roland Perez.

## CULTURE-COMMUNICATION

## Classiques

*R E P È R E S*

**La formation du couple.** *Textes essentiels pour la sociologie de la famille,* Michel Bozon et François Héran.

**Invitation à la sociologie,** Peter L. Berger.

**Un sociologue à l'usine.** *Textes essentiels pour la sociologie du travail,* Donald Roy.

## Dictionnaires

*R E P È R E S*

**Dictionnaire de gestion,** Élie Cohen.

**Dictionnaire d'analyse économique,** *microéconomie, macroéconomie, théorie des jeux, etc.,* Bernard Guerrien.

## Guides

*R E P È R E S*

**L'art de la thèse.** *Comment préparer et rédiger un mémoire de master, une thèse de doctorat ou tout autre travail universitaire à l'ère du Net,* Michel Beaud.

**Comment se fait l'histoire.** *Pratiques et enjeux,* François Cadiou, Clarisse Coulomb, Anne Lemonde et Yves Santamaria.

**La comparaison dans les sciences sociales.** *Pratiques et méthodes,* Cécile Vigour.

**Les ficelles du métier.** *Comment conduire sa recherche en sciences sociales,* Howard S. Becker.

**Guide de l'enquête de terrain,** Stéphane Beaud et Florence Weber.

**Guide des méthodes de l'archéologie,** Jean-Paul Demoule, François Giligny, Anne Lehoërff et Alain Schnapp.

**Guide du stage en entreprise,** Michel Villette.

**Manuel de journalisme.** *Écrire pour le journal,* Yves Agnès.

**Voir, comprendre, analyser les images,** Laurent Gervereau.

## Manuels

*R E P È R E S*

**Analyse macroéconomique 1.**

**Analyse macroéconomique 2.**
17 auteurs sous la direction de Jean-Olivier Hairault.

**Comprendre le monde.** *Une introduction à l'analyse des systèmes-monde,* Immanuel Wallerstein.

**Déchiffrer l'économie,** Denis Clerc.

**L'explosion de la communication.** *Introduction aux théories et aux pratiques de la communication,* Philippe Breton et Serge Proulx.

**Une histoire de la comptabilité nationale,** André Vanoli.

**Histoire de la psychologie en France. XIXe-XXe siècles,** J. Carroy, A. Ohayon et R. Plas.

**Macroéconomie financière,** Michel Aglietta.

**La mondialisation de l'économie.** *Genèse et problèmes,* Jacques Adda.

**La théorie économique néoclassique.** *Microéconomie, macroéconomie et théorie des jeux,* Emmanuelle Bénicourt et Bernard Guerrien.

Composition Facompo, Lisieux (Calvados)
Achevé d'imprimer sur les presses de l'imprimerie
Europe Media Duplication à Lassay-les-Châteaux (Mayenne)
Dépôt légal du 1er tirage : mai 2007
*Suite du 1er tirage (3)* : juillet 2008
N° de dossier : 19684

*Imprimé en France*